KB165986

산업 및 조직심리 시리즈 3

NCS를 활용한 직무능력중심 채용의 실행지침

직무능력중심 채용과 NCS

NCS 활용 Guidebook

ORP연구소 저

ORP연구소에서는 기업의 HR담당자들이 산업 및 조직심리학 방법론의 적용 및 활용을 통해 HR영역에 보다 과학적으로 접근할 수 있도록 산업 및 조직심리 시리즈를 연속적으로 발간하고 있다. 세 번째로 선정한 테마는 정부가 산업현장의 직무를 성공적으로 수행해내는데 필요한 능력을 국가적 차원에서 표준화한 '국가직무능력표준(NCS; National Competency Standards, 이하 NCS)을 활용한 직무능력중심 채용'으로, 두 번째 시리즈인 'Selection'의 연장선상에 있다고 할 수 있다. 그러나 세 번째 시리즈인 이 책은 직원을 선발하는 과정에서 '직무능력'에 초점을 두고 있고, '직무능력'중심의 평가를 위해 'NCS'를 활용하는 방법을 다룬다는 점에서 다르다. '직무능력중심 채용'의 기본 전제는 입사 후 직무수행에 영향을 미치지 않는 요인들은 최대한 배제하고 영향을 미치는 요인들로만 채용과정에서 검증한다는 것인데, 이 검증과정에 적용하는 객관적이고 타당한 평가 원리와 도구들이 산업심리학에서 연구하는 분야라 할 수 있다. 이외에도 '직무능력중심 채용'은 국내외 많은 산업심리학자들이 연구하는 분야와 맞닿아 있으며, 산업심리학의 다양한 방법론이 적용되어 있다.

최근, 민간기업 및 공공기관에서는 좋은 스펙을 가진 인재들이 현업에서 충분한 능력을 발휘하지 못하거나 직무에 적응하지 못하고 이직하는 사례들이 빈번히 발생하고 있어 직무에 적합한 인재를 선발하는 것이 채용의 중요한 화두가 되고 있다. 그러나 많은 채용담당자들이 직무에 적합한 인재를 선발하기 위한 다양한 방법을 시도하고 있음에도 불구하고, 현업 적응력과 업무 수행능력을 갖춘 인재를 선발하는데 어려움을 겪고 있다.

한편, 정부에서는 능력중심 사회 구현을 위한 정책 과제로 직무능력중심 채용을 정착시키려는 노력을 기울이고 있다. 그 노력의 일환으로 중견·중소기업을 중심으로 '능력중심채용 모델(핵심직무역량평가모델)'을 개발 및 보급하고 있으며, 2015년부터 2017년까지 능력중심 채용을 확산시키고자 공공기관에 NCS를 활용한 직무능력중심 채용을 의무화하였다. 특히, 공공기관은 NCS를 활용함으로써 '직무능력중심 채용'을 빠르게 도입해 나가고 있다.

그러나 'NCS'를 활용함에 있어 NSC가 직무 현직자들의 교육훈련을 위한 정보들로 구성되어 있어 '직무능력중심 채용과 NCS'에 대한 이해와 노하우가 없이는 'NCS'를 '직무능력중심 채용'에 활용하는 데 많은 어려움을 겪었다. 또한 '대규모 공개 채용방식, 직무순환제, 채용 이후의 배치·교육훈련·승진·보상 등과 같은 인사관리체계와의 연계성'과 같은 측면들은 '직무능력중심 채용'을 도입하는 데 제약점으로 작용했다. 이 책은 '직무능력중심 채용' 특히, 여러 제약점들에도 불구하고 'NCS'를 어떻게 활용하여 '직무능력중심 채용'을 설계하고 채용 도구들을 개발하는 지에 초점을 맞추고 있다.

현재 NCS 활용 직무능력중심 채용과 관련하여 한국산업인력공단에서 매뉴얼을 제공하고 있으나, 직무능력중심 채용 설계 원리 및 고려 이슈들을 다루고 있지는 않다.

이 책은 NCS 활용 직무능력중심 채용 도입 고려 사항, 서류전형·필기전형·면접전형 각 전형의 의미와 특징, 전형별 설계 원리 및 개발 이슈, 기대효과 및 제약점, 적용 사례 등을 다루고 있다. 책의 각 장마다, 2013년부터

2016년에 걸쳐 수행하고 있는 고용노동부의 능력중심채용모델 개발 및 보급 사업(구. 핵심직무역량평가모델 개발 및 보급 사업), 2015년부터 2016년에 걸쳐 수행하고 있는 한국산업인력공단의 공공기관 대상 NCS 활용 능력중심 채용컨설팅 사업 및 NCS 활용 능력중심 채용 매뉴얼 개발 경험을 통해 쌓은 ORP연구소의 노하우가 고스란히 담겨 있다. 책 말미에는 각 기업의 '능력중심 채용' 현황 진단 및 평가시 참고할 수 있도록, ORP연구소가 고안한 '능력중심 채용 모형'을 부록으로 수록하였다.

이 책이 NCS 활용 직무능력중심 채용을 도입 및 정교화하고자 하는 채용 담당자들에게 지침이 되고, 더 나아가 직무능력중심 채용이 보다 더 확산되어 정착시키는 데 기여할 수 있기를 기대해본다.

대표저자 오동근 · 석현영

| 목 차 |

본 서는 월간HRD에 2015년 12월부터 2016년 6월까지 연재된 내용을 재구성한 것입니다.

| 그림 목차 |

1장. 직무능력중심 채용과 NCS

최근 우리 사회의 주요 이슈 중 하나는 'NCS'의 활용과 확산이며, 그 대표적인 분야가 채용분야라 할 수 있다. 채용에서의 '직무능력'이 강조되면서 NCS를 채용에 활용하는 추세가 점점 강해지고 있다. 2017년까지 공공기관을 중심으로 중앙정부 산하 모든 공공기관이 NCS를 활용한 직무능력중심 채용을 도입하기로 하였으며, 민간기업에서도 점차 이에 대한 관심이 증가하고 있다.

본 장에서는 직무능력중심 채용과 NCS의 의미와 특징, 현황 등을 살펴보고자 한다.

직무능력중심 채용의 의미와 특징

직무능력중심 채용은 지원자가 수행하게 될 직무에 초점을 두고 인재상을 설정하고, 이를 기반으로 선발 프로세스와 선발도구들이 설계되고 개발하는 것을 의미한다. 기존의 역량중심 채용이 보다 장기적인 관점에서의 수행과 조직에서의 성공을 예측하기 위해 근원적인 역량에 초점을 두고 있는 것과 달리, 직무능력중심 채용은 중단기적인 관점에서의 성공적인 직무수행을 예측하기 위해 보다 직접적인 직무능력에 초점을 두고 있다는 점에서 차별성이 있다. 이는 기존의 역량중심 채용이 지원자의 특성에 초점을 두고 있는 것과 달리, 직무능력중심 채용은 직무의 특성에 초점을 두고 있기 때문이다.

직무능력중심의 주요 특징을 살펴보면 다음과 같다.

첫째, 지원자 모집 방법에서의 차이이다. 기존의 선발방법과 달리 모집 단위가 보다 세분화되었다는 것과 모집대상 직무에 대한 구체적인 직무정보 제공이 이루어진다는 점이다. 앞서 언급한 바와 같이, 직무능력중심 채용은 중단기적으로 수행할 직무 또는 직무군에 초점을 두고, 지원자가 필요한 지식, 스킬, 태도를 갖추고 있는지를 평가하게 된다. 따라서 기존의 역량중심 채용이 우수한 지원자를 확보하여 회사의 필요에 따라 유연하게 인력을 운용하는 것과 달리, 직무능력중심 채용은 지원자를 활용할 직무 또는 (순환 가능한) 직무분야를 사전에 설정하게 되므로 모집의 단위는 유사한 능력이 요구되는 직무 범위에서 이루어지게 된다. 또한, 지원자가 수행하게 될 직무 또는 직무군이 사전에 설정되므로, 이를 모집과정에서 지원자들에게 사전에 알림으로써 지원자들이 직무에 대한 이해를 바탕으로 자발적으로 지원 또는 철회를 결정할 수 있도록 기회를 제공한다.

둘째, 서류전형에서의 요구항목들이 직무수행에 필요한 항목들로 구성되어 있다는 것이다. 기존의 역량중심 채용의 경우, 우수한 지원자의 확보에 초점을 두므로 서류전형의 항목들은 대부분은 지원자의 우수함을 평가하기 위한 항목들로 이루어지게 된다. 이러한 서류전형 항목들을 채우기 위해 지원자들은 '불필요한 스펙'을 쌓아야 했고, 기업은 지원자들의 변별을 위해 또 다른 항목들을 요구하게 되며, 또 다시 지원자들은 추가적으로 '불필요한 스펙'을 쌓아야 하는 맹목적 '스펙쌓기' 경쟁이 이루어져 왔다. 이와 달리 직무능력중심 채용은 직무와 무관한 항목들을 서류전형에서 요구하지 않는다. 즉, 직무수행과 관련된 교육, 자격, 경력, 경험 등에 초점을 두고, 이에 대한 구체적인 정보수집과 정교한 평가가 이루어진다.

일부에서는 직무능력중심 채용에서의 교육, 자격, 경력, 경험 등의 항목이 또 다른 스펙이라고 주장한다. 이러한 주장은 일부는 맞고 일부는 틀리다. 즉, '스펙(specification)'이란, 직무수행에 필요한 인적요건을 의미하므로, 이러한 항목들이 또 다른 스펙이라는 말은 일견 맞지만, 기존의 '불필요한 스펙

(over-spec)'이 아닌 '필요한 스펙(on-spec)'이라는 점에서 잘못된 주장이라는 의미다. 직무와 무관한 기존의 스펙은 '불필요한 스펙'이지만, 직무능력중심 채용에서 요구하는 서류전형 항목들은 직무수행에 필요한 스펙이므로 '필요한 스펙'인 것이다. 물론, 기존의 채용관행에 맞추어 '스펙쌓기'를 위해 노력해 왔던 지원자들의 입장에서는, 직무능력중심 채용에 맞추어 준비할 기간이 없었다는 점에서 어려움이 있을 수 있다. 다만, 이러한 어려움을 겪는 지원자들이라면, 자신의 교육적 배경에 적합한 직무를 선택하는 것이 최소한의 대안이 될 수 있을 것이다.

세 번째 특징은 선발도구로서의 필기전형과 면접전형과 관련된다. 즉, 필기전형에서는 전공지식시험에서 직무지식시험으로, 일반적 직무적성검사에서 직무별 적성검사로, 면접전형은 직무에 대한 초점을 확대하는 방향으로 선발평가가 이루어지게 된다. 이는 직무능력 중심으로 선발평가가 이루어짐을 의미한다. 즉, 필기시험의 경우, 시험대상이 모든 경영학 지식들이 아닌, 경영학분야 중에서도 직무수행에 필요한 경영학 관련 지식에 초점을 두어야 하며, 모든 직무에 공통적인 적성검사 영역을 적용하기보다는 직무별로 적성검사 항목 및 가중치 등이 달라져야 하고, 개인의 인성과 태도에만 초점을 두지 말고 실무면접 등을 통해 직무관련 능력에 대한 평가가 함께 이루어져야 함을 의미한다.

이상에서 언급한 내용은 직무능력중심 채용에 대한 이해를 위한 설명일 뿐, 기존의 역량중심채용보다 직무능력중심 채용이 반드시 우수함을 주장하는 것은 아니다. 보다 장기적 관점에서의 수행에 대한 예측, 선발과정에서의 도입비용, 인력 운용의 효율성 등의 측면에서는 기존의 역량중심 채용에 비해 효과적이지 못한 방법이다. 그러나 직무와 무관한 특성으로 채용의사결정이 이루어져서는 안 된다는 취지의 '균등고용기회'가 점차 강조되고 있다는 점에서, 이러한 채용의 방향은 거스를 수 없는 시대적 흐름임을 이해할 필요가 있다.

NCS의 의미와 특징

　NCS는 직업교육훈련, 자격과 산업현장이 요구하는 인재상과의 괴리를 해소하여 국가 인적자원개발의 효율을 높이고자 산업현장에서 직무를 수행하기 위해 요구되는 지식·기술·태도 등의 내용을 국가가 산업별·수준별로 체계화한 것이다. 이는 기존에 기업들이 자체적으로 실시해 왔던 직무분석에서의 직무명세서(Job specification)와 같은 것이라 할 수 있다.

　NCS는 대·중·소·세분류의 4단계 분류체계에 따라 900여개의 직무(세분류 기준)를 담고 있으며, 하나의 세분류는 다시 10개 내외의 능력단위로 구분되고, 각각의 능력단위는 다시 4개 내외의 능력단위요소로 구분된다. 능력단위요소는 직무분석에서 말하는 최소 업무단위인 과업(Task)과 유사하며, 능력단위는 유사한 과업들의 묶음인 책무(Duty)와 유사하다. 따라서 기존의 직무분석이 과업별로 요구되는 직무내용과 KSAO(Knowledge, Skill, Ability, Others[1])를 도출하듯이, NCS에서도 능력단위요소별로 직무기술서(Job description)에 해당하는 수행준거와 KSO에 해당하는 지식·기술·태도를 담고 있으며, 능력적 요소(Ability)에 해당하는 직업기초능력은 능력단위별로 제시하고 있다.

　다만, 일반적인 직무분석에서의 직무기술서가 직무수행 행동 자체를 기술하기 위한 행위동사 형태로 되어 있다면, NCS 직무기술서의 수행준거는 능력적 관점에서의 '~을 할 수 있다'의 개념으로 기술되어 있다는 차이가 있다. 이는 NCS가 인적자원개발의 목적에서 출발함으로써 재직자들이 해당 업무수행을 위해 무엇을 할 수 있어야 하는지를 명확히 함으로써 능력 수준에 대한 평가기준을 명확히 제시하기 위함이다.

---

1) Others(기타속성)는 주로 가치와 태도(Value & Attitude)를 의미함

그림 1-1. NCS 구성도

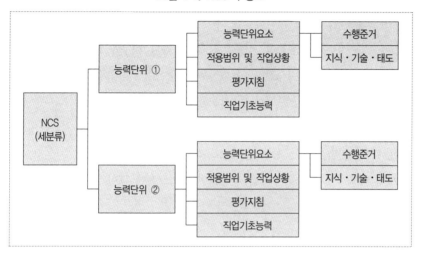

또한, 기존의 직무분석이 과업별로 직무난이도 등을 분석하듯이, NCS에서도 능력단위요소별로 8등급의 수준으로 분석하고 있다. 이는 개인의 직무수행능력을 직무의 수준과 연계하여 자격화하기 위한 국가자격체계(NQF: National Qualification Framework)의 수준체계를 이룬다. 즉, 개인의 능력에 대한 기존의 인정 기준이 학력, 학위, 학벌 등과 같은 형식적 틀에 의존하던 것을, 개인이 수행할 수 있는 8단계의 직무수행능력 수준으로 통합하기 위한 것이다. NQF는 이미 유럽을 중심으로 많은 나라들이 시행하고 있으며, 더 나아가 최근에는 국가 간 인력이동의 촉진을 위한 노력으로써, EQF(European Qualification Framework)나 AQRF(ASEAN Qualification Reference Framework)와 같은 RQF(Regional Qualification Framework)가 시도되고 있다.

NCS를 활용한 직무능력중심 채용의 의미와 현황

NCS를 활용한 직무능력중심 채용은 채용과정에 NCS의 직무분류체계와 직무정보를 활용하여 체계적이고 과학적으로 채용하는 것을 말한다. NCS 직무 분류체계를 따름으로써 지원자들의 직무에 대한 이해가 용이해진다. 즉, 지원 자들은 직무에 대한 선택 및 직무간 이동시, 해당 직무에 대한 NCS의 다양한 정보들(직무환경, 미래전망, 유사직무, 직무내용, 직업경로 등)을 활용할 수 있다. 또한, NCS 직무정보를 활용함으로써 지원자들은 해당 직무분야에 대한 준비를 용이하게 할 수 있다. 해당 분야에 진출하고자 하는 사람들이 어떠한 지식, 기술, 태도, 능력 등이 요구되는지를 손쉽게 파악할 수 있고, 더 나아가 해당 직무의 직무코드를 활용하여 직업교육에 대한 정보를 손쉽게 파악할 수 있다.

NCS를 활용한 직무능력중심 채용은 정부가 '능력중심 채용'이라는 고용정책 기조아래, '능력중심 채용모델 개발 및 보급 사업'을 추진하며 빠른 속도로 확산되고 있다. '능력중심 채용모델 개발 및 보급 사업'은 공공기관 및 민간기업의 '직무능력중심 채용' 도입 및 정착을 위해 직무분야별 채용모델과 채용도구 개발, 민간기업 및 공공기관 컨설팅, 인사담당자 및 면접관 교육 등을 실시하는 사업으로, 2013년부터 현재까지 추진하고 있으며, 2017년에 사업이 종료될 예정이다.

NCS를 채용에 보다 많이 활용하기 시작한 것은 2014년으로, 30개 공공기관을 대상으로 NCS 직무정보를 활용한 채용설계 및 채용도구 개발을 진행하였다.

이후, 2015년부터 채용의 공정성을 중요시하는 관련 법규의 강화, '직무능력중심 채용'의 공공기관 의무 도입 등 '능력중심 채용' 고용 정책이 보다 더 강화됨에 따라 NCS를 직무능력중심 채용에 활용하는 움직임이 더욱 커져갔다. 구체적으로 NCS 활용 직무능력중심 채용 매뉴얼의 보급, 인사담당자 교육, NCS 활용 직무능력중심 채용 컨설턴트 양성 등을 통해 NCS 활용 직무능력중심 채용의 조기 정착을 유도하고 있다.

2장. 직무능력중심 채용의 도입과 NCS 활용

직무능력중심 채용 도입의 필요성

최근 조직에서의 인사관리는 사람 중심에서 직무 중심으로 변화하고 있다. 사람 중심의 인사관리는 내부노동시장형 인사관리라 할 수 있으며, 이는 조직이 수직적 위계를 중심으로 운영되는 체계라고 할 수 있다. 반면 직무 중심의 인사관리는 외부노동시장형 인사관리라 할 수 있는데, 직무에 따라 인력이 이동하는 특성을 보인다. 이러한 맥락에서 사람 중심과 직무 중심의 인사관리는 어떤 차이가 있는지 살펴볼 필요가 있다. 왜냐하면 인사관리의 영역 중 조직 내부와 외부 또는 노동시장 진입 전과 진입 후의 사이에 위치한 것이 채용이고, 이는 인사관리 방향의 변화에 맞춰 가장 민감하게 연동되야 하는 부분이기 때문이다.

사람 중심(연공 중심)의 인사관리는 지속적으로 조직이 성장하고 발전할 때 가능하다. 하지만 조직의 성장과 발전은 어느 시점이 되면 그 속도가 느려지거나 정체될 수밖에 없다. 우리나라 기업들도 1990년대 초반까지 성장을 지속하다가 1990년대 후반부터 성장이 둔화되기 시작했다. 이러한 조직의 성장 둔화는 조직구조에도 영향을 미치게 되었고 조직에서 제공할 수 있는 자리가 부족해지게 되었다. 다시 말해, 직급과 직위가 일치되고 직급과 직책이 일치하던 기존의 질서가 더 이상 운영될 수 없게 되는 것이다. 이러한 변화로 인해 최근에는 직무를 기반으로 한 역할 중심의 팀제가 대안으로 떠올랐고, 직급보다는 직무와 목표를 기반으로 구성원들이 권한과 책임을 발휘하는 형태로 조직을 운영하게 되었다. 따라서 채용도 이러한 조직 환경 변화의 큰 파도를 거스를 수는 없다. 더 이상 구성원들에게 무조건적인 조직 충성심(Loyalty)을 요구하고, 신입사원으로 입사하여 임원까지 성장하는 관리자 모델을 제시하기 어려워졌다. 조직은 외부 노동시장에서 많은 비용을 들여 선발한 인력이 본인의 직무에서 성과를 창출할 수 있도록 만들어야 하고, 개개인들은 우수한 직무 성과 및 자발적인 경력개발을 통해 자신의 가치를 스스로 높여야 한다. 이러한 조직 내·외부의 상황에서는 결원으로 인한 혹은 조직 성장에 맞춘 선발인원 중심의 공채 형태로는 더 이상 채용 경쟁력을 갖추기 어려워졌다. 이것은 빠르게 변화하는 경영환경과 조직의 목표를 달성하는데 필요한 일(직무) 능력중심의 채용이 필요한 이유이다. 그리고 NCS는 이러한 변화를 하나의 방향으로 이끌고, 촉진할 수 있는 가장 강력한(Powerful) 무기가 될 수 있다.

그림 2-1. 내부노동시장형 인사관리와 외부노동시장형 인사관리

(출처 : 임금연구여름-연구논단, 2011)

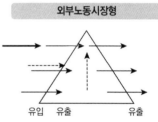

내부노동시장형

유입

• 수요<공급
• Firm Specific Technology
• Making Policy 사람중심 관리
• 종신고용원칙
• 승인관리>인력관리>급여관리>직무관리

사람(연공)중심의 인사제도

외부노동시장형

유입   유출   유출

• 수요>공급
• General Technology
• Buying Policy 직무중심 관리
• 채용 및 이직원칙
• 직무관리>인력관리>급여관리>승인관리

직무중심의 인사제도

직무능력중심 채용의 도입 절차 및 NCS 활용방안

채용 계획 단계 (Planning)

채용의 첫 번째 단계(Stage)는 채용 계획으로부터 시작한다. 말 그대로 실제 채용 실행에 앞서 계획을 세우는 단계이다. 이는 일반적으로 두 가지 절차(Step)에 따라 준비해야 한다. 첫 번째는 직무선정(Positioning)이고, 두 번째는 대상선정(Targeting)이다.

먼저, 직무선정(Positioning)은 이번 채용에서 선발하고자 하는 세부 직무의 직무내용과 직무요건의 선정을 의미한다. 이는 팀(부서)이나 역할(직급)과는 차이가 있다. 조직도 상에서의 위치라기보다 입사 후 수행해야 하는 일의 묶음이라고 할 수 있다. 개인이 조직에서 수행해야 하는 일의 묶음을 직무라 하고, 이는 직무기술서(Job Description)에 명시되어 있다. 따라서 직무선정(Positioning) 절차는 채용하고자 하는 직무를 명확히 하고, 직무기술서를 준비하는 것을 의미한다.

NCS의 세분류는 일반적인 개별 직무와 유사한 수준으로 분류되어 있다. 따라서 NCS의 세분류가 포함하고 있는 세분류 정의, 능력단위, 수행준거, 지식·기술·태도, 직업기초능력 등을 활용하여 직무선정(Positioning)을 위한 직무기술서를 구성할 수 있다.

두 번째는, 대상선정(Targeting)이다. 이는 우리가 채용해야 하는 직무에 지원할 대상을 선정하는 작업이다. NCS의 세분류 정보에 포함되어 있는 수준체계, 적용범위 및 작업환경 등의 정보를 통해 지원자 대상군을 설정할 수 있고, 이를 통해 직무명세서(Job Specification)를 개발할 수 있다.

NCS는 직무에 대한 표준정보이기 때문에 모든 채용 직무에 맞춤 옷처럼 적용하기 어려울 수 있다. 하지만 직무 내용전문가(Subject Matters Experts; SME)[2]를 적절히 활용할 수 있다면 효율적이고, 효과적으로 조직의 직무 맥

---

2) 내용전문가(Subject Matters Experts; SME) : 직무관련 내용에 대해 전문적 지식과경험을 가지고 있는 사람으로 특정 업무나 주제에 대하여 잘 알고있기 때문에 직무관련 정보를 제공해줄 수 있는 자격을 갖춘 사람을 말함

락에 맞춤화된 직무기술서를 개발할 수 있을 것이다.

그림 2-2. NCS 활용 직무능력중심 채용 프로세스 구조도

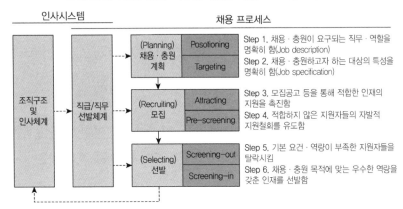

모집 단계 (Recruiting)

채용의 두 번째 단계는 모집이다. 모집이란 채용하고자 하는 직무에서 요구하는 최소 요건을 갖춘 지원자들을 모으는 작업이다. 이 단계도 마찬가지로 2가지 절차에 따라 준비해야 한다. 첫 번째는 유인(Attracting)이고, 두 번째는 자진철회(Pre-screening)이다.

유인(Attracting)은 많은 지원자들이 기업의 채용공고에 매력을 느끼도록 유인하는 것이고, 자진철회(Pre-screening)는 유인된 지원자들 중 채용 직무에 적합하지 않은 지원자들이 스스로 지원 철회하게 만드는 절차이다.

이 두 가지 절차를 실행하는데 있어 가장 중요한 것은 채용공고 시 지원자들에게 직무에 대한 세부적이고, 현실적인 직무정보를 제공하는 방법이다. 지원자들에게 입사 후 어떤 직무를 수행하게 되고, 그 직무를 수행하기 위해서 필요한 요건들이 무엇인지를 사전에 알려주는 절차는 성공적인 모집을 위해 필요한 작업이며, 이후 진행될 선발 단계에서 자원이 불필요하게 낭비되지 않도록 하는 중요한 절차이다.

선발 단계 (Selecting)

채용의 세 번째 단계는 선발이다. 선발이란, 타당한 선발 도구들을 활용하여 채용 직무에서 요구되는 능력을 갖춘 지원자를 선별하고, 그렇지 못한 지원자를 거르는 작업이다. 선발에도 2가지 절차가 있다. 첫 번째는 부적격자 거르기(Screening-out)이고, 두 번째는 적격자 선별하기(Select-in)이다.

먼저, 부적격자 거르기(Screening-out) 절차는 채용 직무를 수행하는데 기본적으로 필요한 요건이나 역량이 부족한 지원자를 걸러내는 작업을 의미한다. 예를 들어, 버스 운전기사를 선발하는데 운전면허를 소지하지 않은 지원자는 다른 능력과 별개로 탈락시켜야 할 것이다.

두 번째로, 적격자 선별하기(Select-in) 절차에서는 채용 직무를 우수하게 수행할 수 있는 능력을 갖춘 지원자를 선별하는 작업을 의미한다. 이 절차에서는 상대적이고, 경쟁적인 평가 방식이 적용되며, 일반적으로 선발의 단계 중 면접전형과 같은 뒷단의 단계에 적용한다.

NCS는 위의 두 가지 절차를 진행하는데 있어 활용 가능한 기준을 제공한다. 버스 운전기사에게 운전면허가 필수 직무요건이라는 것은 NCS의 직무요건 정보 중 자격증 목록에서 확인할 수 있을 것이며, 면접에서 어떤 지원자가 우수한지 평가하는 기준은 NCS의 직업기초능력, 직무수행준거, KSA 등을 활용하여 개발할 수 있다. 따라서 NCS를 활용한 선발도구를 적용하기 위해서는 NCS의 직무요건들 중 부적격자 거르기(Screening-out)와 적격자 선별하기(Select-in)에 활용할 정보들을 구분하고 이를 평가할 수 있는 적합한 도구를 선택하는 작업이 선행되어야 한다.

3장. 직무능력중심의 서류전형과 NCS 활용

많은 지원자들이 채용의 첫 번째 관문이라 할 수 있는 '서류전형'을 가장 높은 관문으로 여기고 있다. 흔히 이야기하는 취업 9대 스펙(학벌, 학점, 어학연수, 토익, 자격증, 봉사활동, 인턴경력, 수상경력, 대외활동)을 대체로 서류전형에서 검증하고 있기 때문이다. 이러한 서류전형이 NCS 활용 직무능력중심 채용이 확산되면서 어떻게 변화하고 있는지가 채용의 주요 화두가 되고 있다.

NCS를 활용한 직무능력중심 서류전형은 2015년 130개 공공기관에서 도입했으며, 민간기업의 경우 NCS를 활용하지 않더라도 직무능력중심 또는 직무와 유관한 스펙중심의 서류전형으로 변화를 꾀했다. 2015년 말 전국경제인연합회에서 주요 21개 그룹의 대졸공채제도를 분석한 결과, 삼성·현대차·SK·LG 등 20개 그룹은 입사지원서에 학점·어학성적·자격증·직무와 무관한 개인정보 등의 항목을 삭제하거나 간소화한 것으로 나타났다.

공공기관과 민간기업 모두 서류전형의 문턱을 낮추고, 많은 지원자들에게 공정하고 적합한 기회를 제공할 수 있도록 직무와 무관한 스펙을 배제하고, 직무와 유관한 스펙만을 검증하는 방향으로 서류전형을 변화시켜 나가고 있는 것이다.

직무능력중심 모집공고와 서류전형의 의미와 목적

NCS기반 직무능력중심 서류전형의 핵심이 되는 것은 모집단계에서 모집공고와 함께 게시하는 직무기술서(또는 직무설명서)라 할 수 있다. 직무기술서는 채용 직무분야별로 게시하는데, NCS 활용 직무기술서는 채용 직무분야별 관련 NCS 직무분류체계(NCS 대분류, 중분류, 소분류, 세분류, 능력단위 순으로 명시함), 관련 NCS 세분류(경우에 따라 중분류 또는 소분류)별 주요 수행 업무 내용, 주요 직업기초능력과 직무수행능력(지식, 기술, 태도)등이 명시되어 있다. 이는 채용 직무분야 및 직무요건들을 명확히 제시함으로써 조직과 직무가 필요로 하는 적합한 인재들이 지원하도록 하기 위함이다. 직무기술서는 서류전형 뿐만 아니라 필기전형과 면접전형에도 영향을 미치는데, 특히, 서류전형에서는 직무기술서에 포함되어있는 필요 지식, 기술, 태도, 주요 요구 직업기초능력, 자격 요건을 직·간접적으로 검증할 수 있도록 서류전형 도구를 설계 및 개발한다.

'전형'의 사전적 의미는 '됨됨이나 재능 따위를 가려 뽑음. 또는 그런 일'을 의미하는 데 '서류전형'은 '다양한 서류를 통해 지원자를 가려 뽑는 것'을 의미한다고 할 수 있다. 서류전형은 크게 서류평가와 서류심사로 나눌 수 있다. 서류평가는 입사지원서나 자기소개서와 같은 서류들을 일정한 기준에 따라 정량적 또는 정성적으로 평가함을 의미한다. 서류심사는 제출 서류들을 확인하여 최소 지원자격의 충족 여부, 입사지원서나 자기소개서 작성 내용의 진위 여부 등을 검증하는 것이다.

이러한 서류전형의 목적은 일반적으로 보다 정교한 선발과정을 적용할 적절한 수의 지원자들을 선별하기 위한 것이다. 필기전형 및 면접전형의 효율성을 위해 최소한의 지원자격 요건도 갖추지 않은 부적합한 지원자를 탈락시키는 과정이라고도 할 수 있다. 직무능력중심 서류전형은 채용 직무분야에 적합한 인재를 선별해내는 데 그 목적이 있으며, 채용 공고에 게시한 채용직무분야별 직무기술서에 명시한 직무능력을 직·간접적으로 검증할 수 있도록 입사지원서와 자기소개서 항목을 설계한다.

직무능력중심 서류전형도구의 주요 특징 및 NCS 활용 방안

직무에 기반하지 않은 입사지원서는 지원자에 초점을 두게 되므로 인적 사항이나 개인정보 중심으로 항목이 구성되어, 직무수행 예측력이 낮은 편이다. 직무능력중심 입사지원서에서는 직무수행 예측력을 보다 높일 수 있도록 성공적 직무수행 예측에 도움되는 개인의 구체적인 과거 경력, 경험, 성과, 자격 조건 등을 포함하고 있다.

직무능력중심 입사지원서는 단순히 개인의 인적 사항을 파악하기 위한 것이 아닌, 해당 직무의 성공적 수행가능성이 높은 지원자들을 선별하기 위한 것으로, 기본 인적사항과 직무와 유관한 교육사항, 직무와 유관한 자격 사항, 직무와 유관한 경력 및 경험사항으로 구성한다. 항목별로 구체적으로 살펴보면, 다음과 같다.

첫째, 인적사항은 지원자를 식별하고 관리하기 위한 최소한의 정보로 구성하며, 성명, 생년월일, 연락처 등 지원자의 신원확인 및 중복지원 방지를 위한 세부항목을 포함하고 있다. 정부의 채용가이드라인이나 조직의 채용 우대 정책 등에 따라 별도의 추가 세부항목을 포함하기도 한다.

둘째, 교육사항은 직무수행에 필요한 지식과 기술, NCS 활용 입사지원서에서는 NCS 세분류별 요구 지식과 기술을 갖추고 있는가를 평가하기 위한 항목으로, 학교교육과 직업교육으로 구성한다. 학교교육은 제도화된 학교 내에서 이루어지는 고등교육과정을 의미하며, 직업교육은 학교 외 기관에서 이수한 실업교육, 기능교육, 직업훈련 등을 의미한다. 지원자들이 직무분야 관련 전공자가 아닌 경우에는 학교교육을 이수하기 쉽지 않은 상황이므로, 지원자의 준비도를 고려하여 보완적인 항목으로 직업교육 항목을 구성한다.

 지원자들의 지원 직무 분야와 관련하여 학교교육 또는 직업교육과 관련된 사항을 질문하여 직무에 대한 지원자의 관심과 노력을 판단한다. 예를 들어, 경영일반직의 입사지원서 교육사항에는 학교교육 또는 직업교육 항목에 '[홍보]와 관련한 학교·직업교육 과목을 이수한 경험이 있습니까?'라는 형태로 제시한다. '예'라고 응답할 경우에는 이수 과목명, 주요 내용을 작성하도록 하며, 성적·만점기준·이수시간 등을 작성하도록 한다.

그림 3-1. NCS 활용 입사지원서 교육사항 예시

교육사항					
• [홍보] 관련 교육을 받은 경험이 있습니까? '예'라고 응답한 항목에 해당하는 내용을 아래에 기입해 주십시오. 　　　예( )　　아니오( )					
학교/직업[1]	교육과정명[2]	주요내용[3]	성적[4]	시간[5]	만점/기관[6]
학교	저널리즘의 이해	저널리즘의 등장과 발달과정 그리고 구성 요소, 본질 및 기능 전반을 소개하고 온·오프라인 저널리즘의 현재와 미래를 다룬다.	4.30	–	4.50
직업	마케팅 전략기획	구체적 상품 사례를 분석, 상품기획에 대해 쉽게 배울 수 있도록 하고, 시장과 소비자의 요구를 분석하고 이에 적합한 컨셉 개발 방법과 개발 프로세스 습득을 돕는 교육과정	–	52	한국ㅇㅇㅇㅇ 진흥원
1) 기입하고자 하는 내용이 학교교육인 경우 "학교"를, 직업교육인 경우 "직업"을 기입합니다. 2) 교육과정 이름을 기입합니다. 3) 교육과정의 개요 또는 학습목표 등을 간략히 기입합니다. 4) 학교교육인 경우 "학점 또는 성적"을 정확히 기입하며, 직업교육인 경우 기입하지 않습니다. 5) 직업교육인 경우 "교육 이수시간"을 정확히 기입하며, 학교교육인 경우 기입하지 않습니다. 6) 학교교육인 경우 "성적의 만점기준"을, 직업교육인 경우 "교육기관"을 정확히 기입합니다.					

 셋째, 자격사항은 직무분야별로 관련있는 자격증, NCS 활용 입사지원서에서는 NCS 세분류에 제시되어 있는 자격현황을 참고하여 작성된 자격증을 모두 명시하고, 그 중 지원자가 보유한 자격증을 선택하고 기입할 수 있도록 한다. 지원자가 지원직무를 수행하는데 필요한 스킬을 가지고 있는지 판단하며,

반드시 해당 직무와 관련 있는 자격만을 명시한다.

그림 3-2. NCS 활용 입사지원서 자격사항 예시

자격사항

* 자격은 직무와 관련된 국가공인 기술/전문/민간 자격을 의미합니다. 아래 직무관련 자격증과 코드를 확인하고 자신이 보유한 자격증에 대해 정확히 기입해주십시오.

* 정보처리기사, 전자계산기조직응용기사, 정보보안기사 중 1개 이상 자격증 보유자만 지원 가능

국가공인 기술자격	공통인정 자격
정보처리기사(필수) 전자계산기조직응용기사(필수) 정보보안기사(필수) 정보통신기사 전자계산기조직응용기사 정보보안기사	컴퓨터활용능력1급/2급/3급 정보처리기사 정보처리산업기사

* 위의 자격목록에 제시된 자격증 중에서 보유하고 있는 자격증을 아래에 모두 기입해 주십시오.

자격증명	취득일자

넷째, 경력사항 및 직무관련 기타 활동 항목은 지원자가 직무와 관련된 일이나 경험을 가지고 있는지 평가하기 위한 항목이다. 직무기술서상 세부 직무, NCS 활용 입사지원서에서는 채용직무분야와 관련있는 NCS 세분류를 입사지원서에 모두 명시하여, 지원자가 본인에게 해당되는 세부직무를 선택하여 기입하고, 직무 수행 기관명, 수행 기간, 주요 수행 내용 등을 작성하도록 한다. 경력사항은 주로 금전적 보수를 받고 일정기간 동안 일했던 이력을 의미하고, 직무관련 기타 활동 사항은 직업 외적인(금전적 보수를 받지 않고 수행한) 활동을 의미한다. 추가적으로 지원자의 경력사항 및 직무관련 기타 활동 사항에 대한 세부적인 정보를 얻기 위해서 경력 및 경험기술서에 작성한 내용과 관련하여 당시 맡았던 역할 및 주요 수행 업무, 성과에 대해 자세히 기술하도록 한다.

그림 3-3. NCS 활용 입사지원서 경력사항 예시

경력사항

* 작성 전. 관련직무에 대한 직무설명자료를 참고해주십시오(NCS 활용 채용 직무 설명자료 참고).

* 경력은 근로계약을 맺고 금전적 보수를 받으며 일했던 이력을 의미합니다. 아래의 지시에 따라 해당되는 내용을 기입해주십시오.

• 기업조직에 소속되어 [정보기술기획] 관련 업무를 수행한 경험이 있습니까?	예( ) 아니오( )
• 기업조직에 소속되어 [응용SW엔지니어링] 관련 업무를 수행한 경험이 있습니까?	예( ) 아니오( )
• 기업조직에 소속되어 [NW엔지니어링] 관련 업무를 수행한 경험이 있습니까?	예( ) 아니오( )
• 기업조직에 소속되어 [보안엔지니어링] 관련 업무를 수행한 경험이 있습니까?	예( ) 아니오( )
• 기업조직에 소속되어 [IT시스템관리] 관련 업무를 수행한 경험이 있습니까?	예( ) 아니오( )

* '예'라고 응답한 항목에 해당하는 사항을 아래에 기입해 주십시오.

근무기간[1]	소속조직[2]	소속부서[3]	직위/직급[4]	담당업무

1) 작성예시 ; 2013.01~2013.12
2) 근무했던 기업 또는 기관의 이름을 기입합니다.
3) 해당 조직에서 소속되었던 부서명을 모두 기입합니다.
4) 해당 조직에서 자신의 최고 직위 또는 직급을 기입합니다.

그림 3-4. NCS 활용 입사지원서 경험사항 예시

경험사항 (직무관련 기타 활동)
* 직무관련 기타 활동은 직업 외적인(금전적 보수를 받지 않고 수행한) 산학 활동, 팀과제 활동, 프로젝트 활동, 연구회 활동, 동아리/동호회 활동, 온라인 커뮤니티 활동, 재능기부 활동 등을 포함합니다.
* 아래에 경험사항에 관한 내용을 기입해주십시오.

활동기간[1]	소속단체[2]	관련 세부직무[3]		주요활동내용[4]
		세부직무명	세부직무명	
～				
～				
～				
～				
～				

1) 작성예시 ; 2013.01～2013.12
2) 활동했던 소속단체의 이름을 기입합니다.
3) 위에 제시된 세부직무 중, 본인의 활동과 관련된 세부직무명을 2개까지 기입합니다.
4) 본인의 활동이 주요활동내용에 기입한 내용과 어떻게 관련되는지 간략히 기입합니다.
※ 자세한 직무관련 기타 활동 사항은 경력 및 경험기술서에 작성해주시기 바랍니다.

기존의 일반적인 자기소개서가 개인의 지원동기, 성장배경, 성격적 장점 및 단점 등의 항목으로 구성되어 있다면, NCS 활용 직무능력중심 자기소개서는 NCS 직업기초능력 또는 직무수행능력과 관련된 항목에 대한 과거 경험을 기술하도록 구성되어 있다. 예를 들어, NCS 직업기초능력 중 직업윤리 항목과 관련하여 '지원자 본인이 현실과 타협하거나 편법을 사용하지 않고, 원칙대로 일을 처리하는 사람임을 가장 잘 나타내는 최근 5년 이내의 사례를 기술해 주시기 바랍니다.'와 같은 형태로 문항을 구성한다. 자기기술식 정보를 수집 및 활용하여 객관적 평가에 제약점이 있다는 점은 동일하지만, 자기소개서 구성항목이 직무와 유관한 항목으로 구성되어 있어 면접 참고자료로써의 활용도가 높다.

한편, 입사지원서와 달리, 자기소개서는 질문당 답변 분량의 제약을 두는 것이 바람직하다. 질문 수가 너무 많으면 지원자들이 작성과정에서 포기할 수 있으며, 반면, 질문 수가 너무 적으면 지원자들이 적은 노력으로도 지원할 수 있게 되므로 지원자 수가 많아지는 결과를 가져올 수 있다. 적당한 정도의 질문 수와 답변글자 수를 유지하는 것이 우수한 지원자들의 자발적 철회를 막으면서, 꼭 입사하기를 희망하는 충성도 높은 지원자들을 확보하는 데 도움이 된다.

직무능력중심 입사지원서와 자기소개서의 구성에 대해 자세히 살펴보았는데, 이러한 입사지원서와 자기소개서는 다음과 같이 두 가지 방향으로 활용된다.

첫째, 서류평가에 활용하는 것이다. 주로 입사지원서를 평가에 활용하는데, 인적사항뿐만 아니라, 교육사항과 자격사항 그리고 경력사항을 평가하여 조직에서 정한 배수만큼 다음 전형으로 통과시킨다. 서류평가 시, 직무특성과 조직특성을 모두 고려하는데, 그에 따라 평가항목, 평가항목의 수, 항목별 가중치, 평가방법 등이 상이하게 적용된다. 자기소개서의 경우, 지원자 스스로 작성하는 자기기술식이다 보니 객관적 평가의 어려움이 따른다. 객관적 평가체계를 구축한다 하더라도 지원자가 작성한 내용이 본인이 직접 작성한 내용인지, 그리고 지원자 실제 경험인지에 대한 측면들에 대한 의혹에서 자유롭지 않다.

둘째, 면접전형에 활용하는 것이다. 면접시 입사지원서에서 작성한 교육사항 이력, 자격사항 이력, 경력 및 직무관련 기타활동 사항, 자기소개서에 제시된 지원자 정보에 대해 심층적으로 질문을 하는 것이다. 이는 짧은 면접 시간동안 지원자에 대한 심층적인 정보를 얻을 수 있고, 지원자의 경험과 관련된 질문을 수월하게 할 수 있다는 장점이 있어 많이 활용하고 있다.

직무능력중심 서류전형의 절차 및 방법

직무능력중심 서류전형은 대체로 입사지원서에 대한 평가 및 심사가 이루어지며, 평가 절차 및 방법은 다음과 같다.

최소 지원 자격을 검증한 후, 지원서 항목별 평가 및 점수 환산을 실시한다. 이후 증빙 서류에 대한 확인을 거쳐 최종적으로 지원서 합격 및 불합격에 대한 의사결정을 내리게 된다. 서류심사에 해당하는 증빙 서류 확인 과정은 서류평가 이후 바로 심사를 실시하는데, 채용 단계 중 대상 인원이 가장 많아 심사에 필요한 인적, 시간적 자원이 많이 소모되므로, 채용의 효율성을 위해 면접전형 전이나 후에 실시할 것을 권장한다. 채용의 효율성보다 공정성과 투명성을 매우 중요시 여기고, 엄격한 기준을 적용하고 있는 공공기관의 경우에는 서류평가 이후 바로 심사를 실시하기도 한다.

구체적인 입사지원서 항목별 평가 방안은 다음과 같다.

교육사항의 경우, 이수 과목 수 및 과목별 성적을 주로 평가하며, 직업교육은 이수 과목 수와 이수 시간을 평가한다. 이 때, 학교교육과 직업교육은 상호 보완적으로 평가 체계를 설계해야 한다. 즉, 학교교육과 직업교육에 동일한 가중치를 적용할 수는 없지만, 학교교육을 충분히 들었다면 교육사항에 만점을 받을 수 있고, 반면, 학교교육을 충분히 듣지 못했더라도 직업교육을 충분히 많이 들었다면 추가적인 점수를 얻을 수 있도록 평가체계를 설계해야 한다. 또한, 이수 과목 수와 시간만 고려하여 높은 점수를 부여하기 보다는 이수 성적을 함께 고려하여 점수 체계를 설계해야 한다. 예를 들어, 2.5점으로 이수한 과목을 4개 기재한 지원자와 4.0점으로 이수한 과목을 4개 기재한 지원자는 차등을 두어 평가가 이루어져야 한다는 말이다.

자격사항은 필수자격과 선택자격으로 구분하며, 필요시 필수자격을 보유하지 않은 지원자를 탈락시키기도 한다.

경력사항은 경력기간 구간 및 구간별 배점기준을 설정하여 평가한다.

한편, 직무관련 기타활동 사항은 객관적인 증빙이 어려우므로 점수화하기보다는 면접의 참고 자료로만 활용한다.

일련의 입사지원서 평가 과정에서 가장 중요한 것은 정교하고 객관적인 평가 체계의 수립이겠지만, 이와 더불어 지원자의 올바른 입사지원서 작성을 유도하고, 불필요한 평가 데이터를 걸러내며, 오류없이 평가를 실시하는 것 또한 중요하다.

직무능력중심 서류전형의 도입 기대효과 및 제약점

직무능력중심 서류전형을 도입하게 되면, 기관 및 기업 입장에서는 다음과 같은 효과를 기대할 수 있다.

첫째, 서류전형 단계에서 대체로 입사지원서와 자기소개서의 항목이 직무와 유관한 항목들로 구성되어 있어, 직무와 관련된 지식과 경험이 부족한 경우 자진 철회를 하여 허수 지원자가 줄어들고, 채용 비용이 절감될 수 있다. 올해 직무능력중심 서류전형을 도입했던 대부분의 기관에서 눈에 띄게 드러난 효과가 바로 허수 지원자의 감소로 인한 비용 절감이었다.

둘째, 모집공고문 및 직무기술서를 통해 지원자들이 직무에 대한 현실적인 기대를 갖게 하여 이직률 감소효과를 기대할 수 있으며, 이직으로 발생하는 재선발 및 육성 비용이 절감된다.

셋째, 지원분야의 직무기술서에 대한 검토, 직무와 관련성이 높은 입사지원서를 작성하여 합격한 지원자, 즉 직무적응도 및 만족도가 높은 지원자 선발로 직무성과 향상을 기대할 수 있다.

직무능력중심 서류전형의 도입으로 인한 기대효과는 사실상, 기관 및 기업의 채용담당자들도 직관적으로 이해하고 있지만, 막상 도입하고자할 때는 여러 제약점들로 인해 망설이는 경우가 많다.

제약점은 크게 2가지가 있다. 첫째, 직무분야별로 다른 입사지원서를 개발하고, 이를 시스템에 탑재해야 하는 어려움이다. 기존의 입사지원서는 직무공통으로 적용하였는데 직무분야별로 입사지원서 양식이 다르다보니 개발 및 운영의 부담이 커질 수 밖에 없다는 것이다. 또한 기존 입사지원서와 양식이 완전히 다르다 보니, 기존의 시스템을 모두 바꿔야 하는데, 아직 많은 기업 및 기관에서 그 적합성이 입증된 사례를 많이 보지 못하였기에 선뜻 시스템을 바꾸지 못한다. 이러한 어려움은 초기 새로운 시스템을 도입해야 하는 상황에는 항상 당면하는 문제인데, 초기에 시스템을 구축해두면 추가적인 구축 비용은 들지 않는데다, 장기적으로 허수 지원자 감소로 인해 줄어드는 채용 비용으로 상쇄할 수 있는 측면이 있다. 둘째, 서류전형의 핵심이라고 할 수 있는 지원서 평가의 변별력과 정교성에 대한 의문이다. 직무능력중심 서류전형을 도입하고 시스템을 개선한 이후에 직면하는 채용 담당자들의 고민이다. '과연 각 항목별 평가로 인해 지원자들간의 변별력이 생기는가?'와 '교육사항 평가와 관련하여 특정 과목이 직무와 관련성이 높다고 이야기할 수 있는 근거는 무엇이며, 어디까지 인정을 해주어야 하나?'의 문제이다. 전자와 관련하여서는 객관적으로 증빙이 가능한 정보들을 바탕으로 평가(점수)체계를 설계하기에 따라 충분히 변별력을 가질 수 있다. 후자와 관련하여서는 단기적으로는 직무관련 교과목 DB를 구축하여 DB내에서 지원자들이 작성을 하도록 유도하는 방법이 있고, 장기적으로는 일부 특성화고 및 대학교에서 진행하고 있는 NCS와 교육과정의 연계 및 인증을 통해 객관적인 평가가 가능해질 수 있다.

4장. NCS를 활용한 직무능력중심 필기전형의 의미와 특징

산업계와 학계에서는 직무능력중심 채용이 시행되기 이전에도 개인의 능력을 측정하기 위해 좀 더 신뢰롭고 타당한 필기전형 도구를 개발하기 위해 노력해 왔다. 직무능력중심 필기전형은 이러한 과거의 노력들을 무시하고 유일무이한 새로운 필기전형을 제시한 것은 아니다. 특히, NCS를 활용한 직무능력중심 필기전형은 과거의 노력들을 NCS라는 하나의 표준화된 체계로 명료화하여 국내의 어떤 기관이라도 쉽게 활용할 수 있도록 재구성하고 문항유형을 업무능력 측정에 초점화할 수 있게 개선시킨 것이라 할 수 있다. 본 장에서는 기존의 필기전형과의 차이점을 중심으로 직무능력중심 필기전형, 특히 NCS를 활용한 직무능력중심 필기전형이 무엇인지에 대해 설명할 것이다. 그러나, 이것은 순전히 이해를 용이하게 하기 위함이며, 실제로는 기존 필기전형 도구들의 발전과정 연장선상에 NCS 활용 직무능력중심 필기전형이 있음을 오해하지 않았으면 한다.

기존 인·적성 검사와 NCS 활용 직무능력중심 필기전형

기존의 인·적성검사 및 전공시험과 NCS 활용 직무능력중심 필기전형이 측정하고자 하는 요소는 질적으로 다르지 않다. 다만 그것이 NCS에서 지향하는 방향으로 발전시킨 도구로 NCS에서 정의하고 있는 직무능력을 평가하고, 실제 업무처리에 필요한 능력을 직접적으로 측정한다는 측면에서 다를 뿐이다.

NCS 직무능력을 측정하는 평가

NCS 직무능력은 크게 대부분의 직무에서 공통적으로 요구되는 직업기초능력과 특정 직무마다 차별적으로 요구되는 직무수행능력으로 구분된다. 여기서 직무수행능력은 다시 지식, 기술, 태도로 구분이 되며, 기술은 훈련과 타고난 능력 중 어떤 것이 결정요인인지에 따라 다시 기능적 요소와 능력적 요소로 구분된다.

따라서, NCS 활용 직무능력중심 필기전형은 크게 직업기초능력과 직무수행능력을 측정하는 평가로 구분할 수 있으며, 각각의 요소를 측정하는 필기평가 예시는 그림4-1에 제시되어 있다. NCS 활용 직무능력중심 필기전형은 2015년에 50여개 공공기관에서 도입하였으며, 2016년에는 130여개의 공공기관에서 도입할 예정이다. 모든 직무에서 공통적으로 필요한 직업기초능력평가가 직무수행능력평가보다 도입이 용이한 편이어서 초기에는 직업기초능력평가 중심으로 도입이 이루어지고 점진적으로 직무수행능력평가를 도입하고 있는 추세이다.

그림 4-1. NCS 직무능력의 구조 및 필기평가

NCS 직무능력 구조				평가 요소	필기평가 예시
NCS 직무능력		직업기초능력		특정 직무가 아닌, 대부분의 직무에서 공통적으로 요구되는 인적 특성으로, 10개의 능력적 요소(7개) 및 인성적 요소(3개)를 포함함(예 : 의사소통능력, 수리능력, 문제해결능력 등)	직업기초능력평가3)
	직무수행능력	지식 (Knowledge)		해당 직무를 수행하는데 요구되는 지식으로, 해당분야의 동향, 환경, 트렌드 등에 대한 이해 및 직무관련 용어, 개념, 이론, 원리, 절차, 방법론 등에 대한 이해를 포함함(예 : 연삭기 사용법에 대한 지식, 용접기에 대한 이해 등)	직무지식 시험 (객관식, 논술형 등)
		기술 (Skill)	기능적 요소	해당 직무를 수행하는데 필요한 기술의 숙련된 정도를 의미하는 것으로, 과학적 및 기계적 원리를 이용하여 직무관련 장비, 도구, 장치, 시설, 기계 등을 다루는 활동 등을 포함함(예 : 연삭기술, 용접기술 등)	필기평가 불가 (실기평가 및 기능시험 필요)
			능력적 요소4)	해당 직무를 수행하는데 필요한 능력으로, 개인의 신체적, 심리적, 인지적 능력을 포함하며, 학습 뿐 아니라 타고난 소질에 의해 영향을 받는 특징이 있음(예 : 기획력, 판단력, 집중력, 분석력, 지구력 등)	상황판단능력 평가 방식의 검사 등
		태도5) (Attitude)		해당 직무를 수행하는데 필요한 인성적 요인으로, 성격, 가치, 태도, 동기, 흥미, 사고스타일 등을 포함하며, 학습을 통해 쉽게 변하지 않는 특징이 있음(예 : 꼼꼼함, 스트레스 내성, 긍정적 사고 등)	인성검사 (성격검사, 가치검사, 동기검사 등)

---

3) 직업기초능력평가: NCS에서 정의하는 10가지 직업기초능력(의사소통능력, 수리능력, 문제해결능력, 자기개발능력, 자원관리능력, 대인관계능력, 정보능력, 기술능력, 조직이해능력, 직업윤리)을 측정하는 평가로 현재 NCS 활용 필기전형 중 가장 많이 도입하고 있는 평가임

4) 기술의 능력적 요소 중 대부분의 직업에서 요구되는 능력은 직업기초능력(능력요소)으로 분류함

5) 태도 요소 중 대부분의 직업에서 요구되는 태도는 직업기초능력(인성요소)으로 분류함

실제 업무능력을 측정하는 평가

앞서 NCS 활용 직무능력중심 필기전형이 기존의 필기전형과 연속선상에 있다는 측면에서 기존의 인·적성검사나 전공시험의 문항유형 중 NCS에서 정의하는 측정요소와 관련되는 것들은 그대로 NCS 활용 직무능력중심 필기전형에 적용될 수 있다고 하였다. 그렇다면 결국 똑같은 유형의 문항들로 필기전형을 재구성하는 것을 NCS 활용 직무능력중심 필기전형이라 할 수 있을까? 똑같은 필기전형이라면 인사담당자는 NCS 활용 직무능력중심 필기전형을 도입하기 위해, 취업준비생들은 새로운 필기전형에 대비하기 위해 왜 고심하고 있을까?

결론부터 말하자면 NCS 활용 직무능력중심 필기전형은 기존의 필기전형에서 찾아볼 수 없는 새로운 문항유형이 존재한다. 인지능력(Intelligence)의 측정을 통해 간접적으로 업무능력(Job Performance)을 예측하는 기존 인·적성검사의 문항유형과는 달리 NCS 활용 직무능력중심 필기전형에서는 실제 업무능력을 직접적으로 측정하기 위한 문항유형이 출제된다. 따라서 기존의 필기전형에는 없었던 실제 업무 상황의 문항유형이 출제된다. 이것이 인사담당자들과 취업준비생이 NCS 활용 직무능력중심 필기전형을 기존의 필기전형과 다르다고 느끼는 가장 큰 이유이다.

실제 NCS 활용 직무능력중심 필기전형의 문항 유형들이 기존의 필기전형 문항과 어떻게 다른지 다음 예시문항을 통해 구체적으로 살펴보자.

그림 4-2. NCS 활용 직무능력중심 필기전형 업무능력 평가문항 예시

전형종류	직업기초 능력평가	측정능력	자원관리	하위능력	물적 자원관리	세부요소	·물적자원 확인 ·물적자원할당
측정능력 정의	업무수행에 필요한 재료 및 시설자원이 얼마나 필요한지를 확인하고, 이용 가능한 재료 및 시설 자원을 최대한 수집하여 실제 업무에 어떻게 활용할 것인지를 계획하고 할당하는 능력

OO호텔 연회부에서 근무하는 E는 연회장 예약일정 관리를 담당하고 있다. 아래 제시 상황에서 고객의 전화를 받았을 때, E의 판단으로 옳지 않은 것은?

12월 예약 일정

*예약 : 연회장 이름(시작시간)

MON	TUE	WED	THU	FRI	SAT	SUN
1 실버(13) 블루(14)	2 레드(16)	3 블루(13) 골드(14)	4 골드(13) 블루(17)	5 골드(14) 실버(17)	6 실버(13) 골드(15)	7 레드(10) 블루(16)
8	9 실버(13) 블루(16)	10 레드(16)	11 골드(14) 블루(17)	12 레드(13) 골드(17)	13 골드(12)	14 실버(10) 레드(15)

◈ 호텔 연회장 현황

연회장 구분	수용 가능 인원	최소 투입인력	연회장 이용시간
레드	200명	25명	3시간
블루	300명	30명	2시간
실버	200명	30명	3시간
골드	300명	40명	3시간

* 오후 9시에 모든 업무를 종료함
* 연회부의 동 시간대 투입 인력은 총 70명을 넘을 수 없음
* 연회시작 전, 후 1시간씩 연회장 세팅 및 정리

12월 첫째 주 또는 둘째 주에 회사 송년의 밤 행사를 위해서 연회장을 예약하려 합니다. 총 인원은 250명이고 월, 화, 수요일은 피하고 싶습니다. 예약이 가능할까요?

① 인원을 고려했을 때 블루 연회장과 골드 연회장이 적합하겠군
② 송년의 밤 행사이니 저녁 시간대 중 가능한 일자를 확인해야 해
③ 목요일부터 일요일까지 일정을 확인했을 때 평일은 예약이 불가능 해
④ 모든 조건을 고려했을 때 가능한 연회장은 13일 블루 연회장 뿐이구나

그림4-2는 NCS에서 정의하는 10가지 직업기초능력 중에 자원관리능력을 측정하는 문항이다. 기존의 인·적성검사가 장문독해력나 계산력, 공간지각력 등 기초 인지능력을 측정하기 위한 문항 유형들로 구성되었다면, NCS 활용 직무능력중심 필기전형에서는 '업무의 주체'와 '실제 업무 상황'이 주어지고 '구체적인 업무를 처리하는 행동적 과제'를 제시하는 형태로 문항이 구성된다. 그림4-2의 문항을 예시로 들면, 'OO호텔 연회부에서 근무하는 E'가 '호텔 연회장 예약 일정을 관리하는 상황'에서 '고객의 연회장 예약 요청에 응대하기 위해 기존 예약 일정 및 연회장 현황을 토대로 적절한 예약 정보를 전달하는 과제'가 제시되어 있다. 여기서 또한 주의 깊게 살펴봐야 할 것은 본 문항으로 측정하고자 하는 것이 자원관리능력이고 지식이나 태도를 측정하기 위한 평가가 아니므로 사전 지식이나 개인의 태도적 측면이 평가에 혼입되지 않게 자료가 구성되었다는 점(사전 지식 없이 자료에 있는 정보만으로 문제 해결이 가능함)이다.

마찬가지로 직무상황과 주체가 제시되고 선발 직무에서 실제 업무에 필요한 직무지식을 측정하는 문항유형 또한 NCS 활용 직무능력중심 필기전형에서 출제된다. 직무지식을 측정하는 형태의 문항예시는 한국산업인력공단에서 발행한 「인사담당자용 NCS 채용 가이드 북」을 참고하기 바란다.

직무능력중심 필기전형의 도입 기대효과 및 제약점

직무능력중심 필기전형을 도입하게 되면, 기관 및 기업에서는 다음과 같은 효과를 기대할 수 있다.

첫째, 기관 및 기업의 측면에서 가장 중요하다고 할 수 있는 측정의 타당성이다. 인지능력이나 전공지식을 통한 간접적 측정이 아닌 직접 업무 능력 수준이나 실제 업무와 관련된 직무지식을 측정하므로, 머리가 좋고 취업 노력을 많이 한 사람이 아니라 실제 업무 성과가 좋은 신입 사원을 선발할 수 있다.

둘째, 정부의 핵심 국정과제인 '능력중심 사회 구현'에 일조한다는 측면이다. 지원자들이 지각하는 공정성 수준은 필기전형이 다른 어떤 전형보다도 높게 인식된다. 따라서 직무능력중심 필기전형의 도입은 지원자들을 포함한 국민들로부터 '능력중심 사회 구현'이라는 국정과제가 실제로 이행되는데 우리 기관이 일조하고 있다는 메시지를 전달할 수 있다.

셋째, 취업준비생들의 불필요한 스펙쌓기 비용의 감소이다. 지원자들이 직무능력중심 필기전형을 거치면서 본인이 지원한 기관에서 불필요한 스펙이나 업무와 관련 없는 요소가 아니라 실제 업무 수행에 필요한 능력과 직무지식이 선발을 결정짓는 요소라고 지각하게 될 것이다. 이로 인해 취업준비생들은 자신이 원하는 직무와 관련 없는 스펙쌓기에 불필요한 비용을 소모하지 않을 것이다.

그러나 이러한 기대효과에 대비되는 직무능력중심 필기전형의 제약점은 기관에서 투입해야 하는 비용에 있다. 정교한 직무능력중심 필기전형의 문항을 만들기 위해서는 전문성 있는 기관에서 많은 시간과 노력을 투입해야 하므로 기존의 인·적성검사 및 전공지식 평가에 비해 소요되는 비용이 크다. 또한 측정요소의 특성상 선발 직무별로 구분해서 개발해야 하는 직무수행능력평가는 개발 비용도 문제지만 측정전문가와 해당 직무의 내용전문가(SME)들이 협업을 통해 개발이 이루어져야 하므로 기업차원에서 우수한 내부직원들을 일정기간동안 현업에서 제외시키는 개발 여건 마련이 필요하다. 이러한 부분은 도입기관내에서 직무능력중심 필기전형의 도입이 '우수인재 선발을 위한 투자'라는 인식공유가 선행되지 않으면 해결이 어려운 부분이기도 하다.

5장. 직무능력중심의 면접전형과 NCS 활용

　면접은 기업에 적합한 인재를 채용하기 위해 시행하는 절차 중 하나로 채용에서 서류전형과 필기전형을 우수한 성적으로 통과하였더라도 면접전형의 결과에 따라 최종 입사를 결정해야 하는 만큼 중요한 절차이다. 면접의 중요성에 대해서는 이미 많은 언론보도와 수년간의 채용진행으로 많은 기관·기업이 인식하고 있지만 최근에 이루어진 채용에 대한 기사와 뉴스를 보면 여전히 면접전형에서의 문제는 근절되지 않은 것으로 보인다.

　취업포털 인크루트의 2015년 조사에 따르면 면접전형에서 지원자들의 38%가 직무수행과 관련 없는 모욕적인 인신공격 질문, 스펙을 무시하는 발언, 민감한 정치성향 등을 묻는 일명 '채용갑질'을 경험했다고 응답했다. 이는 곧 지원자들이 면접에서 공정성과 객관성을 느끼지 못했다는 것이고, 기관·기업 차원에서도 면접관의 느낌과 경험으로 주먹구구식의 면접이 진행되어 많은 비용과 시간을 투자했음에도 손실을 입고 있다는 것으로 해석할 수 있다.

　이러한 맥락에서 정부는 면접전형을 구조화하여 직업기초능력과 직무수행능력을 평가함으로써 공정성과 객관성을 확보하고, 각 기관·기업의 특성과 현황, 직무 특성, 핵심역량 등을 접목하여 현장에 맞게 적용하는 직무능력중심의 면접전형을 확산시키고자 노력하고 있다.

직무능력중심 면접전형의 특징

기존 채용에서 전통적인 면접전형은 서류전형이나 필기전형과 비교해, 지원자들의 역량을 평가할 수 있는 객관적인 기준이 상대적으로 부족했던 것이 사실이다. 물론 기관·기업마다 나름대로의 평가요소와 평가표를 개발하여 활용하고 있었으나, 면접의 질문, 판단기준, 평가척도 등이 체계적으로 구축되어 있지 않았다. 면접질문은 직무수행과 무관한 면접관의 개인적이고 주관적인 비구조화된 질문으로 이루어졌고 면접관이나 경영자의 주관적 요소가 결과에 더 많이 반영되고 있었다. 따라서 지원자들은 지원하고자 하는 기관·기업에서 진행될 면접에 대해 방향성을 찾지 못해 면접 준비에 어려움을 겪었고, 기관·기업들은 다양한 면접기법의 도입을 통해 개선하고자 하나 면접의 객관성과 공정성에 대한 신뢰를 잃고 있는 현실이다. 최근에는 많은 기관·기업들이 전통적인 면접방식에서 벗어나 신뢰롭고 타당한 면접체계 구축을 위한 노력을 기울이고 있다. 특히, 공공기관에서 의무적으로 직무능력중심의 면접전형을 도입하고 있는데, 면접 방식과 체계가 지속적으로 빠르게 변화하다보니 많은 채용담당자와 채용을 준비하는 구직자 모두 혼란과 부담을 겪고 있다. 혼란과 부담의 중심에 선 직무능력중심 면접전형은 기존 면접전형과 어떤 차이가 있을까?

직무능력중심 면접전형의 첫 번째 특징은 '직무기반 평가'에 있다. 기존 면접전형에서는 대부분 기관·기업의 핵심가치나 인재상으로 평가를 진행하였다. 직무와 관련된 질문이나 평가요소가 마련되어 있지 않다보니 실무 면접관들은 함께 일하게 될 지원자의 업무 능력을 직접적으로 평가하고 예측하기 어려웠다. 이런 미비한 점을 보완하여 직무능력중심 면접전형은 기관·기업의 공통 평가요소뿐 아니라 기관·기업 별로 해당 직무에서 실제로 업무를 수행할 때 필요한 평가요소를 도출하여 보다 직무에 적합한 지원자를 선발할 수 있도록 하였다.

특히, NCS를 활용한 직무능력중심 면접전형에서는 NCS 직업기초능력과 직무수행능력에 기반한 평가를 실시한다. '직무기반 평가'를 강조하다보니 기관·기업의 인재상이나 핵심가치와 같은 기업·기관의 공통 평가요소를 간과할 수 있는데, 기관·기업의 공통 평가요소는 곧, 조직적합성을 의미하므로 이를 평가하는 것에 대한 비중을 줄이기보다 면접전형의 특성을 고려하여 임원면접이나 필기전형을 통해 평가하는 것이 바람직하다. 그리고 직무기반 평가요소는 직무를 실제로 수행하고 제일 잘 이해하고 있는 실무진 면접에서 평가하는 것이 적절할 것이다.

NCS를 활용하여 직무기반 평가요소를 도출할 때는 기관·기업이 수립한 인재상이나 핵심가치에 더해 채용대상 직무를 표준화된 NCS 분류체계의 능력단위 및 능력단위요소와의 연계점을 찾는다(Mapping). 그리고 능력단위요소별 수행준거와 KSA를 면접 질문과 평가요소로서 다양하게 활용한다. 수행준거와 KSA를 활용하게 되면 기관·기업 차원에서는 체계적이고 고도화된 직무기반 평가요소를 구축할 수 있게 되며, 면접 전형에 대한 구직자의 이해를 향상시킬 수 있게 된다는 장점이 있다. 수행준거는 실제 직무수행과정에서 접할 수 있는 업무 상황에서의 능력수준에 해당하는 바람직한 업무수행 및 문제해결 행동을 명확히 제시하고 있으므로, 수행준거의 활용은 지원자가 관련 문제를 해결하거나 업무를 수행할 수 있는가를 평가할 수 있는 평가기준을 명확히 제시해줄 수 있다. 평가기준이 명확한 만큼 이를 평가하기 위한 적합한 면접기법과 질문을 개발할 수 있으며 최적화된 면접 시스템을 구축할 수 있게 된다.

두 번째 특징은 면접의 구조화이다. 면접의 구조화(Structurization)란 면접의 절차, 평가역량, 질문 및 판단기준이 사전에 명확히 정의되어 모든 면접관들에게 공통적으로 적용되는 것이다. 구조화 면접은 일정한 체계의 면접진행과 평가절차를 구성하고, 직무 관련 평가요소에 초점을 둔 구체적인 질문을 활용함으로써 객관성 및 타당도를 높여주고 신뢰도를 확보해 기존 면접방식에서 지적되어 왔던 취약점을 보완해줄 수 있다.

직무능력중심 면접전형의 설계 및 개발과 NCS 활용 방안

직무능력중심 면접전형의 설계 및 도구개발을 위해서는 '평가요소, 평가방식, 면접운영, 면접관 교육'과 같은 측면들을 고려해야 한다.

평가요소

면접설계시 면접 기법을 결정하기에 앞서 면접에서 평가하고자 하는 평가요소를 우선적으로 규명해야 한다. 직무능력중심 면접전형에서 평가요소는 일반적으로 면접에서 평가하기 용이한 직무분야별 주요 역량을 적용하거나 직무기술서에 명시된 직무지식, 기술, 태도 등을 적용한다. NCS를 활용하여 평가요소를 도출하는 경우에는 직업기초능력과 직무수행능력에 따라 차이가 있다. 직업기초능력의 경우, 채용직무와 관련 깊은 NCS능력단위의 직업기초능력을 검토하고 기관·기업의 특성, 능력 별 중요성, 도출된 빈도 등을 고려하여 우선순위를 결정하게 된다. 직무수행능력은 직업기초능력과 상대적으로 도출하는 방식이 다양하고 이를 도출하는데 있어 노하우가 필요하다.

NCS를 활용하는 첫 번째 방식은 수행준거를 검토하고 범주화하여 평가요소로 도출하는 방식이다. 이 방식은 기존의 역량모델링과 유사한 방식으로 기존 역량 면접이나 역량에 대한 개념이 확실히 정립되어 있지 않다면 도출 프로세스에서 어려움이 있을 수 있다. 하지만 수행준거를 활용한다는 측면에서 해당 직무에 대한 능력적 요인을 실제 평가기준으로 구성할 수 있으므로 직무기반의 평가요소를 갖출 수 있다는 의미가 있고, 실제 평가에 참여하는 면접관이나 지원자들이 느끼는 타당도나 수용도를 높일 수 있다.

NCS를 활용하는 두 번째 방식은 직무기술서에 명시된 수행준거의 빈도를 분석하여 평가요소를 구성하는 방식이다. 이는 직무기술서 개발로 이미 한번 필터링된 자료를 활용하여 짧은 시간 내에 손쉽게 평가요소를 도출할 수 있다는 장점이 있으나, 기존 직무기술서에 직무요건 및 수행준거가 구체적인 수준으로 도출되어 있어야 가능한 방식이다.

마지막으로 직무 내용전문가(SME) Survey를 진행하여 평가요소를 도출하는 방식이 있다. 해당 방식은 NCS 분류체계 내에서 미개발된 직무의 경우에 적합한 방식으로, 직무 관련 자료가 다소 미흡하여 추가적인 조사가 필요하거나 직무수행과정에서 필요한 특정 능력을 평가하고자 할 시, 내용전문가(SME)의 의견을 직접적으로 반영하여 평가요소를 구성하는 방식이다. 이러한 방식은 실제 업무를 반영하고 내용전문가(SME)의 의견을 수렴한다는 측면에서 타당성과 수용도를 높여줄 수 있으나, 현직자를 대상으로 Survey를 진행한다는 점에서 다소 번거롭고 시간이 소요될 수 있다는 단점이 있다.

NCS를 활용하여 면접의 평가요소를 도출하거나 선정하기 위해 어떠한 방법을 사용하든 한 가지 고려해야 할 점은 NCS가 '표준' 직무에 대한 정보를 제공하고 있다는 점이다. 즉, NCS에서 제시하는 직업기초능력이나 직무수행능력은 표준적 직무를 대상으로 한 일반적이고 대표적인 능력으로 구성되어 있으므로 기관·기업의 해당 직무 수행과정에서 필요한 맥락적이고 특화된 능력을 고려하여 평가요소를 선정하고 변경할 필요가 있다.

평가방식

평가요소가 결정된 후 다음 프로세스는 도출된 평가요소를 가장 적절하게 평가할 수 있는 평가방식을 선정하는 것이다. NCS 활용 직무능력중심 면접도구라고 해서 새로운 면접기법을 적용하는 것은 아니다. 구술면접인 경험행동면접(Behavioral Event Interview; BEI)과 상황면접(Situational Interview; SI), 시뮬레이션 면접인 발표면접(Presentation; PT)과 토론면접(Group

Discussion; GD)과 같은 대표적인 면접기법을 적용한다.

경험행동면접은 해당 역량이 발휘된 지원자의 과거 경험을 통해 미래의 역량발휘 수준을 예측하는 면접기법으로, 직무능력중심 면접에서는 직무와 관련된 과거 경험에 대한 질문, 직무요구 역량관련 경험에 대한 질문으로 구성한다. 상황면접은 향후 직무수행 과정에서 접할 수 있는 상황들을 제시하고 지원자가 어떻게 행동하고 사고할 것인가를 묻는 면접기법으로, 직무상황을 배경으로 한 질문을 구성한다. 더불어 직무능력중심 입사지원서와 직무기술서는 면접관이 적절한 질문을 통해 직무기반 능력을 평가할 수 있도록 하는 부가적인 면접 도구가 될 수 있다. 따라서 면접관은 구술면접 전 입사지원서와 자기소개서를 세밀히 검토하여 면접질문을 실시하는 것이 효과적일 것이다.

기존의 시뮬레이션 면접은 보통 지원자의 시사 상식이나 최근 이슈에 대한 과제 지시문을 제시하는 형태였으나, 직무능력중심 시뮬레이션 면접은 대체로 직무와 관련된 이슈나 실제 업무 상황과 관련된 일련의 자료를 제시하는 형태이다. 이를 위해, 해당 직무의 주요 수행준거들을 중심으로, 그러한 수행준거 발휘가 요구되는 직무수행 장면들을 수집하여 과제를 구성해야 하며, 평가기준은 직무수행준거를 과제상황에 맞게 맞춤화해야 한다. 이 과정에서 주의할 점은 단순한 지식 평가가 아닌 직무수행능력에 대한 평가가 이루어질 수 있도록 해야 하며, 더욱이 사전 정보에 의해서 평가결과가 영향받지 않도록 해야 한다. 그러기 위해서는 관련된 지식이나 정보가 과제자료에 충분히 제시되어야 한다.

그림 5-1. 면접기법 별 특징

면접유형	기법별 특징	주요 평가 역량
경험면접	• 평가 대상 역량의 발휘가 요구되는 경험 여부를 확인하고 그 상황에서의 구체적인 행동/생각/느낌 등을 언급하도록 요청하여 지원자를 평가 ※ 경험면접 준비 사항 　질문지, 평가표, 평가역량	• 지원자들의 인성적 특성 및 태도적 특성을 주로 평가
상황면접	• 직무 상황에서 발생할 수 있는 딜레마 상황을 제시하고 그 상황에서 어떻게 할 것인지 행동의도를 언급하도록 함 ※ 상황면접 준비 사항 　질문지, 평가표, 평가역량	• 지원자들의 인성적 특성 및 태도적 특성을 주로 평가 • **윤리적 측면, 도덕성 등의 평가 시주로 활용**
발표면접	• 과제/주제를 제시하고 이에 대한 지원자들의 해결안에 대한 발표 및 질의응답을 통하여 역량을 평가 ※ 발표면접 준비 사항 　지원자용 과제, 면접위원용 가이드, 평가역량, 평가표	• 지원자들의 인지적 특성을 주로 평가 • **기획력, 창의력, 논리성 등의 평가 시 주로 활용**
토론면접	• 과제/주제에 대한 집단토론 과정을 통하여 지원자들의 역량을 평가 ※ 토론면접 준비 사항 　지원자용 과제, 면접위원용 가이드, 평가역량, 평가표	• 지원자들의 인지적 특성 및 태도적 특성을 주로 평가 • 기획력, 팀워크, 협상력 등의 평가 시 주로 활용

면접운영

직무기반 및 구조화된 면접설계를 위한 세 번째 고려사항은 적합한 면접관의 선정과 면접운영의 구조화이다. 앞서 언급했듯이, 직무능력중심 면접의 특징은 면접의 질문과 평가가 직무에 기반해야 한다는 것이다. 따라서 채용하고자 하는 직무에 따라 차별화된 역량인 직무수행능력을 요구하게 되므로, 직무 간 차별화된 평가요소에 따른 차별적인 질문과 평가기준을 적용하게 된다. 더욱이, 동일한 직업기초능력을 평가한다 하더라도 그러한 능력이 요구되는 맥락과 행동이 달라지므로, 직무별 특성을 반영한 질문과 평가기준을 사용하는 것이 바람직하다. 따라서, 직무능력중심 면접에서의 효과적인 질문과 평가를 위해서는 인사담당자 입장에서 면접관의 선정과 운영에 부담되더라도 해당 직무 분야의 내용전문가(SME)들이 면접관 역할을 담당할 필요가 있다.

또한, 인사담당자는 면접을 시행하는 데 있어 필요한 자원(시간, 면접장소, 가용한 면접관 수, 운영인력)과 면접대상자 수 등을 면접 전에 미리 고려하여 면접 시간표와 필요 자료 등을 준비해야 한다. 특히 직무별 가용한 면접관과 면접시간을 확보하는 것이 중요하다. 예를 들어, 지원자마다 면접시간에 차이가 있어 충분한 시간을 갖지 못했다고 판단한다면 직무기반의 질문을 받았더라도 공정성에 대한 의문을 가질 것이다. 따라서 운영 방식의 구조화는 면접관은 물론 지원자들이 느끼는 공정성과 객관성을 더욱 높일 수 있다.

면접관 교육

면접관은 지원자가 기관·기업의 이미지를 평가하는 데 가장 직접적으로 영향을 미칠 수 있는 대표자이며, 채용 브랜드를 향상시키는 역할을 수행할 수 있다. 따라서 면접관이 구조화된 면접운영과 기법을 정확히 숙지하고 활용하는 것이 매우 중요하다. 그러므로 면접관들이 올바른 역량 평가자 및 기관·기업의 대표 역할을 수행할 수 있도록 철저하고 체계적인 면접관 교육이 필수적으로 진행되어야 할 것이다. 특히, 해당 직무분야 내용전문가(SME)들이 면접관 역할을 담당할 경우, 면접에 대한 전문성이 부족하기 쉽다. 따라서 직무능력중심 면접의 취지와 목적에 대한 이해와 면접관으로서의 질문과 평가기술 및 면접진행 기술에 대한 교육이 이루어져야 할 뿐 아니라, 면접관으로서 주의해야 할 행동과 하지 말아야 할 질문들에 대한 교육도 반드시 이루어져야 한다.

직무능력중심 면접의 기대효과 및 제약점

직무능력중심 면접전형을 도입 및 적용할 경우, 기관·기업에서는 다음과 같은 효과가 기대된다.

첫째, 직무능력중심 면접전형에서는 직무와 유관한 질문이나 과제를 제시함으로써 지원자들이 타당하게 평가받고 있다고 지각하게 된다. 즉, 면접에 대한 안면타당도[6]가 높아진다고 할 수 있다.

모집공고 시 게시하는 직무기술서를 통해 채용직무에서 요구하는 직업기초능력 및 직무수행능력과 같은 직무능력에 대해 고지함으로써 기관 및 기업의 지원직무관련 경험, 직무 수행시 요구되는 태도, 직무 수행시 요구되는 필수 지식 등에 대해 지원자들이 면접 전에 미리 학습하고 고민하여 준비할 수 있다.

셋째, 평가질문 및 과제, 평가요소 및 평가기준의 구조화로 지원자에 대한 면접관의 평가가 보다 객관적으로 이루어짐에 따라 평가의 신뢰도가 제고되었으며, 특히 평가절차의 표준화로 지원자에 대한 보다 더 공정한 평가가 가능해졌다.

직무능력중심 면접전형 도입에 있어 실질적으로 겪을 수 있는 제약점은 운영 차원에서 살펴볼 수 있다. 가용한 면접관 수 대비 시간, 비용, 공간의

---

6) 주어진 측정 도구(또한 검사)가 그것이 내용을 제대로 측정하는 것처럼 보이는지를 나타내는 명목상의 수치임. 검사문항이 그 검사가 재고자하는 바를 충실하게 재어주고 있다고 피검사자의 입장에서 보는 정도라할 수 있음

제약으로 면접 시간을 충분히 확보할 수 없어 구조화된 면접기법을 효과적으로 시행하기 어려울 수 있다. 더불어 면접관이 변경된 직무능력중심 면접 기법과 평가요소를 명확히 숙지하고 활용하지 못한다면 효과성이 미비할 것이다. 가능한 대안으로 기관·기업에서 내부적으로 가용한 면접관 인력풀(Pool)을 기존에 충분히 확보하거나 외부 면접관을 활용하고, 면접 기술 향상을 위한 교육을 실시하여 전사적인 면접관 역량확보 방안을 고려할 수 있을 것이다.

직무능력중심 면접전형은 그 방법에 있어 기존과 전혀 다른 새로운 면접방식을 의미하는 것은 아니다. 면접설계 과정에서 기관·기업의 공통 역량뿐 아니라 직무수행과정에서 실질적으로 요구되는 평가요소를 명확히 하고 채용과정에서 이를 타당하고 공정하게 평가할 수 있는 기법 및 절차 등을 구체화한다면 직무능력중심 면접전형을 순조롭게 도입할 수 있을 것이다.

6장. 직무능력중심 채용의 타당성 검증

최근 많은 공공기관과 민간기업에서 직무능력중심 채용모델을 도입하고 있지만, 직무능력중심 채용이 한 시대를 풍미한 유행처럼 끝나지는 않을지 혹은 직무능력중심 채용을 도입하면 정말 직무에서 높은 성과를 내는 인재를 선발할 수 있는지 등 좀 더 근원적이고, 발전적인 물음들을 제기하고 있다. 직무능력중심 채용의 필요성 및 도입에 대한 관심에 비해 해당 모델이나 도구들을 통한 다양한 선발 의사결정들이 제대로 이루어지고 있는가에 대해서는 상대적으로 관심이 적었다. 2013년 NCS를 활용한 직무능력중심 채용이 대두된 이래로 현재까지는 이러한 새로운 채용방식의 도입과 확산에만 초점을 맞춰 많은 정책과 사업들이 진행된 것이 사실이다. 그리고 아직까지 국내에서는 선발 의사결정에 대한 법적 소송이나 분쟁이 거의 이루어지고 있지 않지만 국민들의 채용에 대한 인식수준이 점차 높아지면서 선발의 공정성에 대한 관심이 증가하고 있으며, 관련된 법적 요건 또한 강화되고 있으므로 이에 대한 대비가 시급히 필요하다.

타당성 검증이란, 선발에서 의사결정이 향후 직무수행을 얼마나 잘 예측해주는가를 통계적으로 확인해 보는 절차를 의미한다. 현재 채용 트렌드를 주도하고 있는 직무능력중심 채용이 말그대로 트렌드에 그치지 않고, 꽃을 피우기 위해서는 아래에 제시되어 있는 다양한 측면의 타당성 검증 방안과 그 결과들이 든든한 뿌리 역할을 해야 할 것이다.

선발 의사결정의 타당성

모든 선발 의사결정의 일차적 목표는 지원자들 중 향후 직무수행 수준이 높을 것으로 예상되는 지원자들을 합격시키고, 직무수행 수준이 낮을 것으로 예상되는 지원자들을 탈락시키는 데 있다. 따라서 선발 의사결정에서의 타당성 검증은 선발점수와 업무성과의 2가지 차원에서 고려해야 한다.

그림6-1은 선발 의사결정의 4가지 유형을 보여주고 있다. 선발점수 영역은 선발점수가 합격점수(Cutoff-line)보다 높아 합격한 사람들(A, C)과 불합격한 사람들(B, D)로 구분되며, 업무성과 영역은 업무수행 능력이 우수한 사람들(A, D)과 우수하지 못한 사람들(B, C)로 구분된다. 이 두 영역에 따라 선발 의사결정은 4가지의 경우로 나타나게 되는데, 이 중 A와 B의 영역은 합격시켜야 할 사람을 합격시키고 탈락시켜야 할 사람을 탈락시킨 잘 된 의사결정의 부분이다. 반면에 C와 D 영역은 합격시켜야 할 사람을 떨어뜨리고 탈락시켜야 할 사람을 합격시킨 잘못된 의사결정의 부분이다. 따라서, 선발 의사결정은 잘못된 의사결정(C와 D의 영역)을 줄일 수 있도록 이루어져야 한다. 특히, 기업의 입장에서는 D영역보다 C영역을 줄이는 것이 보다 중요하다. 이는 D영역의 사람들은 회사에 입사하지 않으므로 문제되지 않는 반면에, C영역의 사람들은 회사에 입사하여 문제를 일으킬 수 있기 때문이다. 따라서 선발 의사결정의 타당성을 가장 낮추는 영역인 'C영역'을 줄이는 것이 직무능력중심의 채용의 해결책이 될 수 있다. 왜냐하면 C영역의 지원자는 합격점을 통과할 수 있는 능력을 가졌음에도 불구하고 입사 후에 성과를 보이지 못하는 사람들이다. 이러한 지원자들은 합격점 이상의 능력을 지녔으나 입사 이후, 직무에 대한 불만족, 동기 부족, 기회비용 등에 의해 조기 퇴사하거나 회사에 남아 악영향을 끼치는 등 저성과자가 될 가능성이 있는 것이다. 따라서 선발 의사결정의 타당성을 검증하기 위해서는 채용 과정 중 직무수행과 관련이 없는 요소들을 평가하고 있지 않은지 또는 수행해야 하는 직무에 비해 너

무 높은 수준의 지원요건을 요구하고 있지 않은지 등을 검증하여 직무와 유관한 그리고 직무에 적합한 수준의 능력을 가진 지원자들이 지원하고, 합격할 수 있도록 선발 의사결정 타당성을 검증해야 한다.

그림 6-1. 선발 의사결정의 4가지 유형

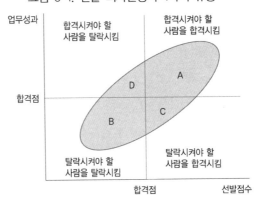

채용결과의 타당성

채용결과의 타당성이란, 채용 단계에서의 점수가 높은 사람일수록 입사 후 업무성과나 업무태도 등이 더 좋은가의 정도를 말한다. 평가점수가 아무리 신뢰할 수 있다고 하더라도, 채용과정에서 높은 점수를 받은 지원자들이 직무에서 우수한 성과를 발휘하지 못한다면 채용이 의미 없는 과정이 되기 때문이다.

채용결과의 타당성을 확보하기 위해서는 '평가역량의 타당도'와 '준거타당도'(Criterion-related validity) 이 두 가지 측면을 검증해야 한다.

첫 번째, '평가역량 타당도'를 검증하기 위해서는 채용과정의 평가요소들이 해당 조직에서의 업무태도나 업무성과에 있어서 정말로 중요한 능력들이 맞는가를 먼저 검토해야 한다. 왜냐하면 채용 과정은 지원자들의 업무태도와 성과를 직접 평가하는 것이 아니라 그러한 업무태도와 성과달성에 중요하다고 생각되는 역량을 간접적으로 평가하기 때문이다. 하지만 일반적으로 특정 직무를 수행하는 데 중요한 역량들이 무엇인지 도출하여 보유하고 있는 기업들은 많지 않다. 일부 대기업에서는 인재상 또는 직급·직무별 역량모델링 등을 갖추고 있지만 전체에 비하면 매우 일부에 국한되어 있다. 반면, 직무능력중심 채용을 도입한 기업은 채용 과정에서 평가하고 있는 요소들이 실제 직무수행에 얼마나 도움이 되는 능력인지를 직무분야별 내용전문가(SME)들을 통해 검증하고, 계속적으로 업데이트를 해나갈 필요가 있으며, 이러한 지속적인 타당성 검증을 통해 평가역량 타당도를 확보해 나갈 수 있다.

두 번째는 '준거타당도' 확보 방안이다. 채용 과정에서는 누구나 자신을 우수한 인재로 보이도록 노력하므로, 채용에서의 단계별 평가점수와 그들이 정말로 그러한 능력을 업무장면에서 발휘하는가는 일치하지 않을 수 있다. 그러나 선발의 목적은 좋은 학교를 나오고, 학교 성적이 우수하며, 면접이나 토론을 잘하는 사람을 가려내는 것이 아니라 실제 직무상황에서 능력을 발휘할 수 있는 사람들을 가려내기 위한 것이므로, 선발점수가 실제 성과를 예측하고 있는가를 의미하는 준거타당도에 대한 검증은 반드시 이루어져야 한다. 하지만 이는 채용을 실시한 후 2~3년이 지난 후에 직무성과 자료를 수집해야 하기 때문에 검증이 쉽지 않은 면이 있다. 이러한 문제점을 극복하기 위해 제시된 방법이 동시타당도(Concurrent validity)를 검증하는 방법이다. 즉, 직무능력중심으로 개발된 채용 도구들을 실제 재직중인 직원들에게 적용하여 우수한 성과를 내는 직원들이 그렇지 못한 직원들에 비해 높은 점수가 나오는지를 파악하는 방법이다. 그러나 엄밀한 의미에서 우수한 역량을 보유한 직원들이 직업기초능력검사나 면접에서 높은 점수를 받는다는 것이, 역으로 면접이나 인·적성검사에서 높은 점수를 받은 사람이 우수한 역량을 발휘할 것임을 의미하는 것은 아닐 수 있다. 이는 운동신경이 좋으면 자동차 운전을 쉽게 배울 수 있고 운전을 잘 할 수 있는 요건을 갖추고 있다고 말할 수 있지만, 이미 자동차 운전을 잘하게 된 사람들이 운동신경도 좋을 것이라고 얘기할 수는 없는 것과 같은 이치이다. 따라서 새로운 선발도구를 도입하기 위한 과정에서 보다 타당도를 높이기 위해 동시타당도 연구를 실시했다 하더라도, 반드시 일정기간 이후에 준거타당도 분석을 통한 타당성 검증이 이루어져야 한다.

7장. 직무기반의 배치, 교육, 경력개발, 평가체계 구축 방안

NCS 활용 직무능력중심 채용의 파급 효과를 언급하기에는 아직 이른 감이 있으나 적어도 입사 후 수행해야 하는 직무와 관련되는 요건들에 초점을 두어 능력 중심의 채용 문화를 조성하는 데 기여한 것은 긍정적 효과라 할 수 있을 것이다. 또한 수행해야 할 직무와 관련되지 않은 것들에 의해 지원자들을 차별적으로 대우하던 기존의 암묵적 채용 관행에서 벗어나 공정한 채용 문화를 만드는 데 기여하고 있다는 점도 분명하다고 여겨진다.

그러나 NCS 활용 직무능력중심 채용 제도의 도입으로 인한 긍정적 효과도 있지만 여전히 보완이 필요하다는 의견도 있다. 예를 들면, 용어에서 나타나는 의미 그대로 NCS는 표준 능력 체계이기 때문에 모든 조직에 전천후로 적용될 수는 있으나 이를 해당 조직에 맞춤화하기 위한 별도의 노력들이 요구된다는 것은 필연적인 문제점으로 지적될 수 있다. 또한 2016년 2월 기준으로 887개의 세분류(직무)에 대한 상세 정보들이 제공되고 있으나 국내 공공기관 또는 민간기업의 모든 채용 직무를 포괄하기에는 아직까지 충분하지 않다는 점도 보완 사항으로 지적될 수 있을 것이다.

NCS 활용 직무능력중심 채용 제도가 본격적으로 도입된지 얼마 되지 않았기 때문에 다양한 문제점들이 발생할 수 있지만 단순히 채용 분야 뿐만 아니라 다양한 HR 영역에 걸쳐 능력중심사회를 구현하는데 기여할 수 있는 커다란 잠재력을 가지고 있다는 점도 부인할 수 없는 사실이다. 특히 조직 내 다양한 HR 영역에 적용할 수 있는 다양한 직무분석 정보들을 제공한다는 점을 고려한다면 활용 여부에 따라 체계적이고 일관성 있는 HR system을 구축하는데 도움이 될 것이다. 왜냐하면 직무분석 정보들은 채용, 교육, 평가, 배치 등 다양한 HR관련 활동들의 기초로써 활용되기 때문이다. 이 장에서는 향후 NCS 활용 직무능력중심 채용 제도 도입 이후 고려할 수 있는 다양한 HR관련 이슈들을 다룬다.

NCS와 HR 적용 범위

"우리 조직에서는 직무능력중심으로 사람들을 채용하는 것이 맞는지 잘 모르겠어요. 왜냐하면 연구직 같은 특수 직무가 아닌 이상에야 기본적으로 2년마다 순환 보직을 하게 되는데 직무능력을 중심으로 사람을 뽑는다면 나중에 더 큰 혼란이 발생하지 않을까요?" NCS 활용 직무능력중심 채용 제도를 도입할 때 채용 담당자 또는 현직자들이 가장 많이 토로하는 사항들 중 하나이다. 그런데 이러한 의문은 조직에서의 효율적인 HR 운영을 위해서는 일관성 있는 원칙이 있어야 함에도 불구하고 이를 실행하지 못하고 있다는 것을 반증하고 있기도 하다. 다시 말하면 채용, 교육, 평가, 보상 등 다양한 HR 영역들에 공통적으로 적용되는 원칙이 존재하지 않거나 개별 영역 또는 운영 시점에 따라 별도의 원칙이 적용된다는 가능성을 시사한다.

조직 운영, 보다 초점을 좁혀서 효율적인 HR 운영을 위해서는 기본적으로 조직 내에서 수행되고 있는 업무들을 파악하는 것이 필수적이며 이를 활용하여 채용, 교육훈련, 보상 등을 위한 다양한 기준들을 설정할 수 있다. 또한 조직 내 구성원들의 특성까지 고려하여 이동, 배치, 승진 등에 활용하거나 더 나아가 조직 재설계를 위한 기초 정보로 사용하는 것도 가능하다. 이와 같이 조직 내 업무들을 파악하는 것은 HR 운영을 위한 가장 기본적인 사항으로 이를 직무 분석(Job Analysis)이라 한다. 직무 분석은 말 그대로 조직 내의 직무를 분석하는 활동들을 의미하며 그 결과로써 직무 기술서(Job Description)와 직무 명세서 또는 작업자 명세서(Job/Worker Specification)가 도출된다. 여기서 직무 기술서는 해당 직무를 수행하는데 필요한 활동들에 초점을 맞춰져 있으며, 직무 명세서는 요구되는 활동들을 수행하는 데 필요한 인적 요건들이 서술되어 있다. 간단히 말해서, 직무 분석이란 해당 업무에서 일어나는 활동들과 그 활동들을 수행하는 데 필요한 인적 요건들을 도출하는 것이라 할 수 있다. 이러한 직무 분석은 일반적으로 채용 시 평가해야 하는 인적 요건들, 교육 훈련 시 육성시켜야 할 역량들, 배치 시 고려해야 할 필요 요건들, 승진 시 갖추어야 할 다양한 사항들 및 보상 시 상대적 중요성 또는 가중치의 기준들 등을 도출하는 데 가장 핵심적인 활동으로 생각할 수 있다.

한편, 근본적인 개발 목적 자체는 다소 차이가 있을 수 있으나 NCS의 분류 체계 및 각 분류 체계에 포함된 정보들은 표준화된 직무 분석 체계라 할 수 있다. NCS 분류 체계 내에는 세분류, 즉 개별 직무에서 수행되는 활동들, 필요 인적 요건들, 교육·자격 사항들 등에 대한 정보들이 다양하게 제시되어 있다. 이에 따라 NCS의 정보들은 현재 가장 활발히 적용되고 있는 채용 제도뿐만 아니라 육성, 배치, 승진, 보상 등 다양한 HR 영역에 적용될 수 있는 토대를 제공하고 있다. 실제로 NCS가 HR 영역 중 가장 널리 적용·확산되고 있는 것은 채용이지만, 근본적인 개발 목적을 고려한다면 교육 훈련 또는 경력 개발 영역에 상대적으로 손쉽게 접근 가능할 것이다. 또한 더 나아가서 직무 분석이 활용될 수 있는 대부분의 HR 영역들에도 적용 가능할 것이다.

중요한 것은 조직 내 HR 영역들을 운영하는 원칙이 일관성있게 적용되어야 한다는 것이다. 채용, 육성, 배치, 평가, 승진·보상 등의 영역에 따라 별도의 원칙이 적용되는 것은 구성원들에게 혼란만 가중시킬 뿐이며 조직 운영의 효율성에도 도움이 되지 않는다. 따라서 NCS기반의 채용 제도를 도입한 조직들에서는 그 이외의 HR 영역들에 대해서도 동일한 원칙을 적용하는 것을 전향적으로 검토할 필요가 있다. 이는 단순히 NCS라는 동일한 기준을 적용해야 한다는 당위적 측면을 강조하는 것이 아니라, NCS의 본질적 목적인 능력중심의 HR을 구현하기 위한 방안을 제안하는 것이다. 더욱이 별도의 직무 분석을 실시하여 발생되는 비용적인 부담을 최소화할 수 있다는 긍정적 효과도 기대할 수 있다.

HR 분야에의 NCS 활용

국가직무능력표준, 즉 NCS는 산업현장에서 직무를 수행하기 위하여 요구되는 지식, 기술, 소양 등의 내용을 국가가 산업부문별 또는 수준별로 체계화한 것이며 그간 직업교육훈련자격이 서로 연계되지 않아서 산업현장에서 요구하는 직무수행능력과 차이가 나타남에 따라 인적자원개발이 비효율적이라는 비판을 해소하고자 관계 법령인 자격기본법을 바탕으로 도입된 것이다. 이는 실질적으로 NCS가 널리 적용되고 있는 HR 영역은 채용이지만, NCS는 인적자원개발의 목적에서 출발하였으며 재직자들이 해당 업무 수행을 위해 무엇을 할 수 있어야 하는지를 명확히 하여 능력 수준에 대한 평가 기준을 구체적으로 명시하고 있다. 이러한 본래의 목적을 고려하였을 때, 채용 외에 NCS를 상대적으로 쉽게 적용할 수 있는 HR 영역은 교육 훈련일 것이다. 특히 NCS에서 제공하는 학습 모듈은 구체적인 직무를 학습할 수 있도록 이론 및 실습과 관련된 내용들을 상세하게 포함하고 있으므로 이를 적용하는 것은 상대적으로 수월할 수 있다.

그림 7-1. NCS 학습 모듈의 개념

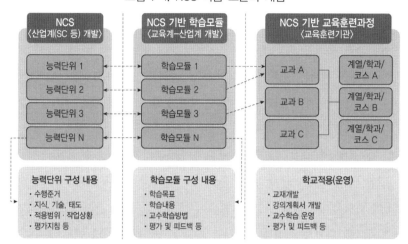

경력 개발은 급격하게 변화되고 있는 우리나라 근로자들의 직장 및 직무에 대한 인식을 고려하였을 때 이에 대한 중요성이 점차적으로 높아지고 있다고 여겨진다. 이미 오래전부터 평생 직장의 개념은 사라지고 평생 직업이라는 개념의 중요성이 더 강조되어왔다. 그러나 많은 조직들 또는 조직의 구성원들은 어떠한 방식으로 무엇을 학습하는 것이 경력 개발에 도움이 될 수 있는지에 대한 구체적인 해결 방안을 고안하는 데 어려움을 겪어 왔다. 이러한 어려움을 극복하는 데 있어서 완벽한 해결 방안은 아닐 수 있으나, NCS를 통하여 유용한 정보들을 얻을 수 있다. 예를 들어, NCS에서는 앞서 논의한 교육 훈련과 더불어 구성원들의 경력 개발을 위한 평생경력개발 단계별 지표들을 제공하고 있을 뿐만 아니라 이와 관련된 필요 요건 등의 정보들을 함께 제공하고 있다. NCS를 채용에 적용하는 것과 동일하게 이를 활용한 맞춤화 작업이 요구되지만 그럼에도 불구하고 경력 개발 경로를 체계화할 수 있는 기본적인 사항들이 포함되어 있기 때문에 유용하게 활용될 가능성이 높다.

특히, 순환 보직을 원칙으로 하면서 NCS 활용 직무능력중심 채용을 도입한 조직의 경우 NCS를 활용하여 경력 개발 체계를 구성하는 것이 필수적이라 여겨진다. 왜냐하면 선발시 배치된 직무와는 다른 직무로 배치될 가능성이 있거나 승진 등의 조직 재배치와 연계하여 기존과는 다른 직무를 맡게 되는 구성원들을 위해서는 구체적인 경력 개발 경로를 제시하고 이에 대비할 수 있는 방안을 제공해야 하기 때문이다. 따라서 현재 NCS 활용 직무능력중심 채용 제도를 적극적으로 받아들이고 있는 공공 기관들에서는 향후 NCS를 활용한 경력 개발에 더욱 관심을 둘 필요가 있다.

또한, 많은 조직들에서는 직무 관련 내부 전문가들을 육성하거나 확보하기 위하여 다양한 노력들을 하고 있다. 특수한 직무 능력과 관련된 조직 내부의 인증 체계를 수립하고 이를 관리하는 제도를 그러한 노력의 예로 생각할 수 있으며, 이러한 제도들은 해당 직무 종사자들을 위한 일종의 경력 개발 경로라고 해석될 수 있다. 그런데 이러한 제도를 운영하는 데 있어 어려운 점 중 하나는 수준별로 요구되는 요건들을 규명하는 것이 필요하다는 점이다. 또한, 이를 평가하는 데 있어 어떻게 평가하는 것이 적절한지에 대한 기준에 대해서도 다소 이견이 있다. 이러한 어려움들을 해결하기 위하여 NCS에서는 8단계 수준 체계를 제공하고 이에 적용할 수 있는 교육 훈련 기준 및 (평가의 기준 등을 포함한) 출제 기준을 함께 제시하고 있는데, 이를 활용한다면 내부 인증 체계 수립이 보다 수월할 것이라 여겨진다.

그림 7-2. NCS 수준 체계

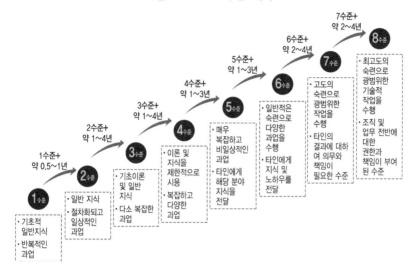

효과적인 NCS 적용을 위한 향후 과제들

HR영역에서 NCS를 적용 및 활용할 때 주요하게 고려해야 할 점은 세부적인 HR 영역들은 독립적으로 작용하는 것이 아니라 상호 밀접한 관련성을 가지고 있다는 점이다. 예를 들면, 교육 훈련이 효과적이기 위해서는 콘텐츠가 현업에 적용가능해야 하며 학습한 것들을 활용하였을 때 구체적인 보상을 수반할 수 있어야 한다. 이는 교육 훈련이 평가와 보상과도 연계되어 효과적으로 작용한다는 것을 의미한다. 따라서 보다 효과적으로 HR 영역들을 연계하여 운영하기 위해서는 적용하는 기준의 일관성이 필요하며, NCS 활용 직무능력중심 채용 제도를 도입한 조직들에서는 이러한 점을 고려하여 채용 또는 교육 이외에 평가, 승진, 보상 등에도 NCS를 활용하기 위한 방안들을 모색할 필요가 있다.

사실상 NCS는 직무 분석의 정보들을 포함하고 있기 때문에 다양한 HR 영역에 적용가능할 것으로 여겨진다. 평가, 특히 직무 역량 향상의 목표와 관련된 평가의 경우 NCS에서 제공하는 정보들을 적극적으로 활용할 수 있을 것이다. 경력 개발에서 언급했던 출제 기준 등을 활용한다면, 정기적으로 해당 직무에서의 전문성 수준이 어느 정도 향상되었는지 판단할 수 있는 지표 제작이 가능할 것이다. 또한 정기적인 직무 전문성 평가의 결과들을 승진 시 참고 지표로 활용할 수도 있으며 임금 이외의 전문성에 대한 보상의 근거로서 적용할 수 있을 것이다. 결론적으로 직무능력과 연계된 HR 영역들에 대한 완벽한 해답은 아닐 수 있으나, NCS는 상당히 많은 도움을 줄 수 있다.

NCS를 HR 영역에 적용·활용하는 데 유의할 사항들을 간략히 언급하고자 한다. 채용에 NCS를 적용하는 데 있어서 무엇이 중요한지에 대한 실무자들의 인식이 명확해야 한다. 즉, NCS는 직무능력중심의 공정한 채용을 하기 위한 좋은 방법들 중 하나일 뿐 반드시 지켜야 할 채용의 근본적인 목적 자체는 아니라는 것이다. 채용 시 평가 기준을 도출하기 위한 직무 분석을 개별 조직에서 실시할 경우 상당히 많은 비용과 시간이 요구된다. 이로 인하여 이 과정을 생략한 채 이전의 채용 관행 또는 직관에 의해 채용 시 평가의 기준이 설정되기도 하고, 그 여파로 인하여 조직에 적합하지 않은 지원자들을 선발하는 경우도 있다. 이러한 부작용을 최소화시키면서 능력중심의 공정한 채용을 실현하기 위하여 활용할 수 있는 좋은 방법들 중 하나가 바로 NCS이다. 그런데 직무 분석 등에 시간과 비용을 투자하여 특정 조직에 최적화된 평가 기준을 설정한다면, 오히려 NCS를 활용한 것보다 더 좋은 결과를 얻을 수도 있다. 요약하자면, 능력중심의 공정한 채용 문화를 조성하는 것이 NCS 활용 직무능력중심 채용의 기본 취지라는 점과 그러한 채용 문화에 기여할 수 있는 더 좋은 방법들이 있다면 이를 활용하는 것도 고려해야 한다는 것이다.

NCS는 말 그대로 표준적인 체계이다. 이에 따라 모든 조직에 전천후로 적용될 수 있는 매력적인 측면을 가지고 있으나, 별도의 맞춤화 과정이 수반되어야 한다는 필연적인 단점도 동시에 가지고 있다. 교육 훈련 및 경력 개발

영역의 경우, 타 HR 영역들에 비하여 NCS의 정보들을 상대적으로 충실하게 활용할 수 있을 것이다. 그러나 채용 외에도 승진, 보상, 평가 등 다양한 HR 영역에 NCS를 활용할 시에는 해당 조직에 적합하도록 맞춤화하는 것이 필요하다. 이를 위해서는 NCS 자체에 대한 충분한 이해도 필요하지만 더 중요한 것은 적용을 구상하고 있는 조직의 특성이나 그 외 다양한 측면들을 고려해야만 한다. 즉, NCS를 다양한 HR 영역에 활용하기 위해서는 활용 대상 조직을 명확하고 충분히 이해하려는 노력이 필요하다는 의미이다.

마지막으로 NCS를 활용한 교육 체계를 구성할 때 그 목적을 분명히 할 필요가 있다. 조직에서는 임원급 및 관리자급을 대상으로 한 리더십 역량 교육, 신입사원들을 대상으로 한 조직 몰입·충성 향상 교육, 전문성 향상을 위한 직무 교육 등 다양한 목적의 교육들을 실시하고 있다. 그런데 NCS는 교육 훈련의 다양한 목적들 중 직무 능력과 가장 밀접하게 관련되어 있으며, 그 이외에 조직에서 요구하는 교육과는 크게 관련되지 않을 수 있다. 따라서 조직 내 전체 교육 체계를 NCS기반으로 구성하는 것은 사실상 불가능하며, 이를 보완하기 위한 노력들도 함께 진행되어야만 한다.

지금까지 언급한 것 이외에도 HR 영역에 NCS를 활용하는 데 있어서 아직까지는 해결해야 할 것들이 많다. 그럼에도 불구하고 현재까지 가장 활발하게 적용되어 온 채용 제도와 관련하여 NCS가 능력중심의 공정한 채용 문화를 조성하는 데 상당히 큰 기여를 한 것으로 보인다. 향후에는 입사한 구성원들을 공정하고 능력 중심으로 관리하기 위하여 NCS를 효과적으로 활용하는 데 더 많은 관심을 두어야 할 것이다.

8장. NCS를 활용한 직무능력중심 채용 사례

 지금까지 직무능력중심 채용의 의미와 구체적인 활용 절차 등에 대해 알아보았다. 하지만 현실적으로 직무능력중심 채용을 모든 조직과 직무에 완벽하고 동일하게 대입하기는 불가능에 가깝다. 특히, NCS를 활용한 직무능력중심 채용의 경우, 동일한 직무라 할지라도 조직에 따라 서로 다른 태도적 요소를 중요시하거나, 각 조직별 인재상과의 연결을 꾀할 수도 있다. 직무에 따라서는 NCS만으로 직무를 모두 설명하기에 불충분할 수도 있고 심지어 직무를 설명할 수 있는 NCS가 전혀 개발되지 않았을 수도 있다.

 따라서, 각 조직의 상황과 직무에 따라서 NCS를 유연하게 적용하고, 또한 지원자들의 혼란을 줄이면서 NCS 활용 직무능력중심 채용을 정착시킬 수 있는 현실적인 방안이 필요하다. 이 장에서는 지금까지 ORP연구소가 NCS 활용 직무능력중심 채용컨설팅을 수행하면서, 채용의 각 단계 별로 다양한 이슈들을 어떻게 풀어나갔는지 대표적인 사례 몇 가지를 소개하고자 한다.

채용설계 : 채용 직무를 어떻게 구분해야 하는가?

 일반적으로 공공기관과 민간기업 모두 채용 직무(또는 채용 분야)는 5개 내외에서 결정된다. 가장 많은 채용이 이루어지는 일반사무 직무와 더불어, 전산 직무, 기술 직무 정도로 구분해서 채용이 이루어지고 있다고 봐도 크게 다르지 않을 것이다.

 하지만, 채용분야별 직무분석을 위해 현직자 대상의 설문조사나 인터뷰를

하다보면, 채용직무가 보다 세분화될 필요를 느끼기도 한다. 같은 기술 직무일지라도, 기계를 주로 다루는 직무와 전기를 주로 다루는 직무는 요구되는 지식, 기술, 태도와 수준이 서로 다를 수밖에 없다. 이러한 차이 때문에 현업부서에서 요구하는 인적요건을 채용과정에서 충실히 평가하기 어려워지곤 한다.

이 때문에 채용직무는 보다 세분화 될수록 좋다. 그런 면에서 지금 소개할 A기관의 사례가 좋은 사례가 될 수 있다. A기관은 조직의 특성 상, (다른 조직과 달리)말과 관련된 독특한 직무가 상당수를 차지한다. 예를 들면, 승마, 장제, 말수의사, 마필관리와 같이 일반인에게 생소한 직무가 존재한다.

직무내용을 잘 모르는 사람이 언뜻 보면, 모두 비슷한 일을 하고 비슷한 역량이 필요하다고 생각할 수 있지만 실제로는 필요한 지식, 기술, 태도, 자격 등이 모두 다르다. 예를 들어, 축산 직무에는 '축산/축산경영, 말산업/말사육, 경영/재무/통계'와 관련된 지식과 기술이 필요하다. 반면 이와 유사해보이는 마필관리 직무에는 '마학/말생리학/말해부학, 승마/말조련, 축산/수의학'과 관련된 지식과 기술이 필요하다.

이와 같은 이유로, A기관은 총 21개의 직무로 구분하여 채용을 진행한다. 공채 시에는 인력 충원이 필요한 직무만 선별하여 채용하며, 대략 10~12개 내외의 직무로 실제 채용이 진행된다.

그림 8-1. A기관의 채용직무

행정	아나운서	재경	법무	사진
건축	토목	조경	전기	기계
통신	전산	수의사	약물	방송기술
방송PD	축산	승마	장제	마필관리
출발				

채용직무를 세분화하면 모집과 홍보에서도 효율성과 효과성을 모두 노릴

수 있다. 직무가 세분화되지 않으면, 모집과 홍보에서 적절한 대상(Target)을 설정하기 어려워지고, 그만큼 시간과 비용의 낭비를 초래하게 된다. 반면 채용 직무가 세분화되면 대상(Target)이 몰려있는 홍보 채널을 활용하면 된다.

채용직무를 구분했다는 것은 직무마다 채용의 평가요소가 구분된다는 점을 시사하기도 한다. 실제 A기관은 직무별로 평가기법과 평가기준, 그리고 배점 등이 상이하다. 예를 들어, 아나운서 직무는 카메라테스트를 실시하고, 사진 직무는 포트폴리오 심사를 별도로 실시한다. 승마 직무는 장애물 통과 시험을, 장제 직무는 편자 제작 실기시험을 실시한다. 직무가 세분화되어 있지 않았다면 평가의 형평성 논란 때문에 실시할 수 없었던 평가방법을 A기관은 직무를 세분화함으로써 실시할 수 있는 것이다.

채용직무의 구분은 단시간에 완수하기 어려운 작업이다. 수행업무 뿐만 아니라, 요구되는 역량(지식, 기술, 태도 등) 또한 유사한 직무끼리 묶고, 서로 묶을 수 없다면 구분해야 하는데, 현직자와의 원활한 협조와 인사팀의 통찰력이 요구되는 일이다. 하지만 채용직무가 세분화되고 나면, 채용 뿐만 아니라 채용 이후의 배치와 교육에서도 상당한 편리함과 효과를 가져다 줄 것이라 확신한다.

서류전형 : NCS가 모든 것을 설명할 수 없다면?

앞서 언급한 바와 같이, 직무능력중심 채용을 위해 NCS를 활용하려고 해도 NCS가 직무의 모든 내용을 충분히 설명하지 못하는 경우가 있다. A기관의 경우도 그러했다. 특히, 말과 관련된 직무의 경우 NCS가 충분히 개발되지 않은 상황이었다.

이를 해결하기 위해, 아래와 같은 단계를 거쳤다.

첫 번째 단계로, 기존에 개발된 직무기술서를 바탕으로 A기관의 직무를 명확히 파악하였다. A기관의 경우 기존에 개발된 직무기술서가 존재하였다. 다만, 개발시한이 다소 경과되어 현재 개발하고자 하는 직무와 정확히 일치하지 않아 여러 가지 과업을 분류하는 작업을 선행하였다.

두 번째 단계로, 분류된 과업에 따라 NCS 직무분류체계와의 연계점을 찾았다(Mapping). 각 과업들을 설명할 수 있는 NCS를 탐색하는 과정을 거쳤다. 이 과정에서 '행정'직무와 같이 NCS만으로 충분히 설명가능한 직무도 있었고, '축산'직무와 같이 부분적으로만 설명할 수 있는 직무도 있었으며, '장제'직무와 같이 직무를 설명할 수 있는 NCS가 개발되지 않은 경우도 있었다.

세 번째 단계로, 직무별 현직자를 대상으로 분석결과에 대한 인터뷰를 수행하였다. 인터뷰를 수행하기 전, 직무별 인터뷰를 위한 질문지를 개발하였다. 질문지에는 인터뷰 대상자의 기본적인 인적사항을 비롯하여, '직무개요', '소속 팀의 세부직무', '세부직무 별 업무내용', '직무 관련 지식·기술', '직무 관련 자격', '직무 관련 태도'가 포함되었다. 각 항목들은 사전에 연계된(Mapping) NCS 내용들을 담았다. 인터뷰는 직무별 현직자 3명 내외를 대상으로 대면으로 진행하였으며, 각 항목 별로 실제 직무와 얼마나 관련되어 있는지와 신입사원이 수행하는 직무인지를 물어보았다. 그리고 NCS로 설명할 수 없는 부분에 대해서는 보다 상세한 인터뷰를 진행하여 부족한 내용을 채워나갔다.

네 번째 단계로, 인터뷰 결과를 토대로 직무기술서와 입사지원서를 개발하였다. NCS와 관련된 내용은 다시 한 번 분석하여 최종적으로 연계될(Mapping) 능력단위를 선정하였으며, NCS로 설명할 수 없는 부분을 양식에 맞추어 새로 개발하였다. 이러한 과정을 통해, 각 직무를 충실하게 설명할 수 있는 직무기술서와 입사지원서를 개발하였으며, 인사담당자와의 논의를 통해 보다 세밀한 부분을 조정할 수 있었다.

이 밖에도 NCS만으로 직무를 충분히 설명할 수 없는 경우가 상당히 많으며, NCS로 설명할 수 있더라도 보다 구체적으로 파고 들어가면 현직자만이 알 수 있는 내용이 도출되기도 한다. 이러한 이유에서 NCS기반의 서류도구를 개발하는 경우에는 반드시 현직자 인터뷰를 실시하는 것을 권장한다.

필기전형 : 어떻게 체계적으로 도입할 것인가?

　NCS 활용 직무능력중심 채용 도입을 고려하는 조직에서 크게 고민하는 문제 중 하나가, 필기전형을 어떻게 개선할 것인가 하는 점이다. 이러한 문제는, 애초에 필기전형을 시행하지 않았던 조직보다, 현재까지 각자의 방식으로 필기전형을 시행해왔던 조직에서 보다 크게 고민하게 된다. 그 이유는, 해당 조직에 지원하기 위해 오랜 기간 동안 필기전형을 준비해 온 지원자들이 겪을 혼란이 우려되기 때문이다. 이러한 이슈에 대해 공간정보체계 구축 지원과 지적측량 등의 직무를 수행하는 B기관의 사례를 소개하고자 한다.

　이미 능력중심채용의 우수 사례로 몇 차례 소개된 바 있는 B기관은 2013년도부터 대한상공회의소가 시행하는 '핵심직무역량 평가모델 개발 및 보급'사업에 참여하여 채용의 전 과정을 개선해 나갔다. 2012년까지 B기관은 1차 필기전형에서 기술직에 '지적학', '지적관계법규'과목을, 사무직에 '경영학', '경제학'과목을, 고졸 보조직에 '한국사'과목을 시행하였다. 직무와 관련된 지식 중심의 필기전형이 이루어졌으나, 직무인성과 직무적성에 대한 고려가 없어 당시 사업에서 지원한 K-TEST를 적용하려 하였다.

　그러나 B기관 채용을 오랫동안 준비한 지원자들의 혼란을 우려하여 기존의 지식시험과목은 유지한 채, 채용분야 공통의 K-TEST 직무인성검사와, 채용분야별(기술직, 사무직, 고졸보조직)로 개발된 K-TEST 직무능력검사를 도입하였다. 이를 통해 직무지식 뿐만 아니라 조직에 적합한 인성과 직무에 적합한 적성을 두루 갖춘 인재를 선발할 수 있었다.

　B기관은 여기에 그치지 않고, 2015년 기존의 적성검사를 직업기초능력검사로 대체하였다. 2013년 당시 3개였던 채용분야를 2015년에는 5개로 세분화

하고, 직무별로 지식검사 과목을 차별화하였다.[7]

이러한 채용 전략은 NCS 활용 직무능력중심 채용이 본격적으로 활성화되기 이전인 2013년부터 세워진 것이며, 당시 계획한 큰 틀의 로드맵에 따라 차근차근 채용제도를 개선해나갔던 것이다.

그리고 이러한 과정을 통해 채용제도 변화로 인해 일어날 수 있는 지원자들의 혼란과 저항을 최소화하면서도, 조직에 적합한 인성과 직무에 적합한 지식 및 적성을 두루 갖춘 인재를 선발하여 수차례 능력중심채용의 우수사례로 선정되는 성과를 이루기도 하였다.

---

7) 직무별 지식검사 과목은 NCS기반의 직무기술서를 토대로 선정하였음

그림 8-2. B기관의 필기전형 개선 과정

	2012년	2013년	2015년	
기술직	지적학 지적관계법규	직무인성검사 (공통) 직무능력검사 (기술직용) 직무지식검사 (지적학, 관계법규)	지적 측량	직업기초능력검사(인성검사, 직무능력평가) 직무지식검사(지적학, 지적측량, 관계법규, 기초통계학)
			공간 정보	직업기초능력검사(인성검사, 직무능력평가) 직무지식검사(공간정보학, 관계법규, 기초통계학)
			국토 조사	직업기초능력검사(인성검사, 직무능력평가) 직무지식검사(도시계획학, 관계법규, 기초통계학)
사무직	경영학 경제학	직무인성검사 (공통) 직무능력검사 (사무관리직용) 직무지식검사 (경영학, 경제학)	기획 행정	직업기초능력검사(인성검사, 직무능력평가) 직무지식검사(행정학, 경제학, 기초통계학)
			경영 회계	직업기초능력검사(인성검사, 직무능력평가) 직무지식검사(경영학, 회계학, 기초통계학)
고졸 보조직	한국사	직무인성검사 (공통) 기초직무능력검사 (고졸범용) 직무지식검사 (한국사)	지적 측량	직업기초능력검사(인성검사, 직무능력평가) 직무지식검사(한국사)
			경영 회계	직업기초능력검사(인성검사, 직무능력평가) 직무지식검사(회계원리)

면접전형 : 무엇을 어떻게 평가할 것인가?

5장에서 언급했던 것과 같이, 기존의 역량중심 면접과 NCS 활용 직무능력중심 면접 간에, 면접기법에서의 차이는 거의 없다고 봐도 무방하다. 다만, NCS 활용 직무능력중심 면접에서는 평가하고자 하는 요소가 보다 직무와 밀접하게 관련되어 있고, 평가요소를 도출할 때 NCS를 적극적으로 활용한다는 점이 큰 차이점이다.

이러한 차이를 보여주는 사례로 C발전사를 소개하고자 한다. C발전사에서는 예전부터 발표면접을 활용해왔다. 다만, 평가요소와 발표면접과제의 주제가 직무별로 체계적으로 구분되지 않았다. 평가요소는 C발전사의 인재상과 유사하였고, 발표면접과제는 일반적인 시사와 관련된 공통의 주제를 다루었다.

이에 따라, 2015년 C발전사에서 NCS 활용 직무능력중심 면접을 도입하면서 가장 먼저 직무별 평가요소를 차별화하였다. 같은 기술직이라도 '정보통신', '발전기계', '발전전기', '발전화학' 직무 별로 평가요소를 NCS 분석 결과를 토대로 직업기초능력과 직무수행능력을 모두 포함하여 차별화하여 설계하였다.

직무별로 설계한 평가요소를 면접장면에서 제대로 평가하기 위해서는, 일반적인 시사 관련 주제로는 어려웠다. 이를 해결하기 위해, 해당 직무와 가장 밀접하게 관련된 주제를 발표면접과제에 적용하였다. 예를 들어, '정보통신' 직무에는 '해킹'과 관련된 이슈를, '발전기계' 직무에는 '기계납품업체 선정'과 관련된 이슈를, '발전화학' 직무에는 '바이오매스 발전소'와 관련된 이슈를 주제로 다루었다. NCS 활용 직무능력중심 면접을 도입하기 전에는 지원자들이 자신의 지원직무와 무관한 일반적인 시사 관련 주제를 발표했다면, 이제는 자신의 직무관련 지식과 경험을 모두 활용해 과제의 문제상황을 해결해야 하는 것으로 개선된 것이다.

이와 유사한 경우로, D기관의 경우 경력직 채용에 NCS 활용 직무능력중심 면접을 도입하였다. 채용직무 중에는 일반적인 사무행정 직무를 세분화한, '예산', '조달계약', '회계'직무가 포함되어 있었는데, '예산' 직무에는 '사업 형태별 예산 분배'와 관련된 이슈를, '조달계약' 직무에는 '계약관련 문제'와 관련된 이슈를, '회계' 직무에는 '발생주의회계'와 관련된 이슈를 주제로 다루었다.

D기관이 C발전사와 달랐던 점은, 기존에 발표면접을 시행하지 않았다는 점

이었다. 사실, 새로운 면접기법을 도입할 때 면접관의 저항에 부딪히곤 한다. 면접관들은 익숙하지 않은 면접기법을 도입하는 것과, 해당 면접기법의 효과성에 대해 의문을 제기하곤 한다. D기관 역시 발표면접을 도입하면서 면접관의 저항에 부딪혔지만, 실제로 직무능력중심의 발표면접을 시행한 뒤 면접관들로부터, 직무역량을 제대로 평가할 수 있어서 매우 좋았다는 호의적인 반응을 이끌어낼 수 있었다.

E기관의 채용전형별 개선 사례

기존 선발제도 현황

E기관은 대외적인 고용정책 기조의 변화때문만이 아니라 내부적으로 '효율적이고 효과적인 인사관리의 기틀 마련의 필요성, 직무분야별 특수성이 강하여 직무수행인력 전문성의 중요성 증대, 직무에 적합한 인재 적기 확보 및 조기전력화 가능 인재에 대한 니즈 증대'와 같은 이유로 3여년에 걸쳐 직무능력중심 채용제도를 도입 및 정착시켰다.

한편, E기관은 공공기관으로서 채용의 공정성 및 투명성과 관련하여 주무부처의 감사뿐만 아니라 감사원으로부터 감사를 받고 있고, 국민권익위원회에서도 모니터링을 하고 있어 채용제도 개선 방향 수립 및 적용 가능한 개선 방안도출에 제약이 따랐다. 이러한 상황에서 E기관은 채용의 타당성도 중요하지만 다른 무엇보다도 공정성에 초점을 두고 채용제도를 개선해나갔다.

E기관은 채용 채널이 다양하며, 정기적으로 신입직원, 경력직원, 기간제 근로자, 장애인 인턴, 고졸 인턴, 청년 인턴을 선발하고 있었다. 채용제도 개선은 신입직원 채널 중심으로 진행되었다. 신입직원 채용은 총 3단계의 전형을 거치며, 1단계 서류전형(입사지원서 및 자기소개서), 2단계 필기전형(전공지식시험, 인·적성검사), 3단계 면접전형(인성면접 및 직무역량면접)을 실시하고 있었다.

1단계 서류전형에서의 입사지원서와 자기소개서의 활용 및 평가 현황은 다음과 같다. 입사지원서가 직무와 무관한 스펙 항목으로 구성되어 있었는데 구체적으로 인적사항, 자격요건(학교, 전공), 외국어 점수, 자격사항, 병역사항, 경력사항과 같은 항목들로 구성되어 있었다. 이를 통해서 지원자의 직무 수행 잠재력을 평가하기는 어려운 상황이었다. 자기소개서는 '성장과정, 지원동기 및 향후포부, 지원자 본인을 채용해야 하는 이유와 본인이 가진 역량기술, 자신에 대한 정의 및 이유, 자신에게 주어졌던 일 중 가장 어려웠던 일과 극복방법, 특기사항'과 같은 항목들로 구성되어 있었으나, 자기소개서에 대한 별도의 평가가 이루어지지 않았다. 또한 자기소개서를 면접 참고자료로 활용하고는 있었으나, 면접 질문과의 연계성이 없어 그 활용도가 낮은 상태였다.

2단계 필기전형은, 언어이해, 수리추리, 자료해석 등과 같은 기초 인지능력 중심의 시험과 전공시험을 실시하고 있었으며, 직무능력에 대한 검증을 하지 못하고 있었다.

3단계 면접전형에서는 인재상 중심의 질문 및 평가지를 구조화하여 면접을 실시하고 있었으며, 면접위원들이 짧은 면접 시간동안 질의응답을 통해 역량과 관련된 지원자 경험을 끌어내는 데 어려움을 겪고 있었다.

NCS를 활용한 직무능력중심의 평가요소 재설계 방안

직무능력중심의 채용제도 개선을 위해 가장 우선적으로 채용직무분야에 대한 분석을 실시하였다. 현업 부서로부터 직무분야별 채용 니즈 조사 실시 후, 최종적으로 11개 직무분야를 선정한 후, 채용대상 직무분야별 기존 직무기술서와 유관한 NCS 분류체계에 대한 분석을 실시하였다. 분석결과를 바탕으로 채용직무분야와 연계되는(Mapping) NCS 세분류를 선정하고, NCS 세분류의 능력단위들 중 채용대상 직무분야와 관련성이 높은 능력단위를 선정하기 위해 인사담당자 내용 검토 및 SME 인터뷰를 실시하였다. 최종적으로 채용직무와 유관한 NCS 능력단위를 선정한 후, 직업기초능력, 직무지식, 기술, 태도 등을 도출하였으며, 직무기술서 형태로 구성하였다.

이후, 도출한 직무요건(직업기초능력 및 직무수행능력(직무 요구 지식, 기술, 태도))기반으로 서류전형, 필기전형, 면접전형의 평가요소 및 평가기법을 설정하였다.

서류전형 개선 방향 및 주요 방안

서류전형의 개선을 위해 직무능력기반의 입사지원서 및 자기소개서 설계 및 개발을 진행하였다. 입사지원서는 직무분야별 요구 지식, 기술과 관련있는 항목으로 구성하였다. 구체적으로 직무기술서를 기반으로 직무요구 지식과 관련있는 교육사항 항목, 직무요구 기술과 관련있는 자격사항, 직무관련 경력 및 경험사항으로 구성하였다. 지원서 항목 설계뿐만 아니라 정량적 지표를 활용한 평가 방안까지 도출하였다. 자기소개서는 개인의 일대기형식이 아닌 지원서에서 검증하지 못하는 능력 발휘 경험을 묻는 문항 위주로 구성하였다. NCS 직업기초능력들 중 채용 직무분야에서 주요하게 요구하는 직업기초능력 2개 항목과 E기관의 인재상 항목 3개로 구성하였다. 자기소개서에 대한 별도의 평가는 실시하지 않았으며, 자기소개서 항목 및 답안 내용과 관련하여 면접시 질문으로 활용하였다.

필기전형 개선 방향 및 주요 방안

필기전형에서는 직무수행능력 검사와 직업기초능력 검사를 실시하였다. 직무수행능력 검사는 기존의 전공시험을 직무지식 시험 형태로 개선한 것으로 직무요구 지식과 관련된 지필 시험을 의미한다. 우선, 직무수행능력 문제 출제를 위해 능력단위 요소의 우선 순위를 선정하였다. 신입직은 직무수행과 유관한 직무기초지식기반의 객관식 문제로 구성하였으며, 경력직의 경우, NCS

능력단위를 목록화한 후 중요도, 난이도, 활용빈도를 평정하여 능력단위별로 객관식, 논술형, 서술형으로 문제를 구성하였다. 직업기초능력 검사는 기존 인·적성 검사와 유사한 형태의 검사지만 평가문항, 지시문 등에 직업적인 맥락을 반영한 것으로 직업기초능력을 평가하는데 초점을 두고 있다. 특히, 직업기초능력 검사의 경우, 직무기술서에 명시되어 있는 직무분야별 주요 직업기초능력을 바탕으로 직무분야별로 평가영역을 별도로 설계하였다. 지원자들이 기존에 준비했던 인·적성 검사와의 혼란을 막기위해 NCS 직업기초능력 샘플문항을 기관 홈페이지에 게재하였다.

면접전형 개선 방향 및 주요 방안

면접전형의 경우, 초기에는 구조화된 인재상 기반의 경험면접을 도입하였고, 이후 직무능력기반의 경험면접과 함께 발표 및 토론면접을 도입하였다.

경험면접은 평가요소로 직업기초능력과 직무수행능력(직무 요구 지식, 기술, 태도)를 적용하였으며 평가요소별 질문지와 평가지를 달리 구성하였다. 면접질문지는 평가요소별 주질문 및 심층질문, 추가 심층질문 예시로 구성되어 있으며, 평가지는 평가요소별 평가기준, 평가기준별 평정 척도로 구성되어 있다.

토론면접은 직무분야별 연계된(Mapping) 능력단위별 직무수행준거, 필요 직무 태도 등의 요소를 고려하여 평가요소를 설정하였으며, 평가과제 주제 도출시에는 직무분야별 직무특성 및 능력단위를 고려하였다. 토론 평가과제는 1페이지 내외로 직무분야와 유관한 해결과제 및 관련 자료로 구성되어 있으며, 평가지는 평가요소별 평가기준 및 평가기준별 평정 척도로 구성되어 있다.

한편, 새로운 면접전형을 숙지할 수 있도록 면접이론 및 실습교육을 강화했다. 이후, 내부 면접위원 인력풀(Pool)에 대한 교육 및 모의 실습 평가를 통해 우수한 면접위원을 선정하였으며, 직무능력중심 면접 경험이 있는 역량

있는 외부 면접위원을 투입하였다. 이처럼 면접 참여 면접위원들의 역량강화를 통해 면접 진행시 지원자에 대한 신뢰로운 평가가 가능하도록 하였다.

직무능력중심 채용제도 개선 효과

E기관의 경우, 3여년에 걸친 채용제도 개선을 통해 채용제도의 객관성, 신뢰도, 효율성, 효과성을 제고할 수 있었다.

채용전형 단계별 적절한 평가요소 및 평가기법의 선정을 바탕으로 평가체계를 구축함으로써 채용제도의 객관성을 제고시켰으며, 채용전형 단계별 평가자 훈련(면접위원 교육)을 통해 평가의 신뢰도를 제고시켰다. 또한 기존 서류전형에서는 지원 자격 제한이 크게 없다보니 기본 요건만 충족이 되면 일단 지원하고 보자는 식으로 지원하는 허수 지원자들이 많았는데, 이러한 허수 지원자들이 줄어들었으며, 이에 따라 채용의 효율성이 높아지고 불필요한 비용이 줄어들었다. 또한, 새롭게 개선한 직무중심의 입사지원서와 직무능력 중심의 자기소개서는 실제 직무와 관련된 지식이나 경험을 위주로 기술하도록 하여, 준비된 지원자들을 유인하는 등 효과성까지 제고시킬 수 있었다.

한편, 채용제도 개선 타당성 검증을 위해서는 입사이후 신입사원들의 업무수행에 대한 추적 조사 및 분석을 실시하는 것이 좋으나, E기관은 현실적 어려움으로 인해 개선된 채용제도에 대한 의견 조사를 실시하였다. 조사 결과, 채용제도 개선을 통해 다음과 같은 효과를 얻었음을 알 수 있었다.

첫째, 채용제도 개선 방향에 대한 지원자의 수용성을 확보하였다. 직무능력중심 채용제도 확산에 대한 인식 조사 결과, 긍정적으로 응답한 비율이 98.4%로 나타났으며, 부정응답은 1.6%로 나타났다. 또한 직무능력중심 채용제도가 상기적으로 정착되어야 할 바람직한 방식인지에 대한 조사 결과, 긍정응답율이 100%로 부정응답율은 0%인 것으로 나타났다.

둘째, 채용도구에 대한 지원자의 공정성 지각을 확보하였다. 직업기초능력 및 직무수행능력만 함양한다면 모든 지원자가 공정하게 면접에서 좋은 평가를 받을 수 있을 것이라는 인식에 대한 조사 결과, 87.2%가 긍정적으로 응답한 것으로 나타났다.

셋째, 채용도구의 실제적 타당성 및 지원자의 지각된 타당성을 확보하였다. 경험면접을 통해 직업기초능력을 평가하고 있다는 인식에 대한 조사 결과, 93.5%가 긍정적으로 응답한 것으로 나타났다. 토론면접을 통해 직무수행능력을 평가하고 있다는 인식에 대한 조사 결과, 95%가 긍정적으로 응답한 것으로 나타났다. 면접 평가 질문이나 과제와 채용 직무분야의 높은 관련성에 대한 인식 조사 결과, 98.4%가 긍정적으로 인식하고 있는 것으로 나타났다. 또한 E기관에서 실시한 면접전형에서 인상깊었던 점, 긍정적으로 생각되었던 점에 대한 주관식 설문 조사 결과, 응답자 51명 중 26명, 즉 약 50%가 자신의 능력 특히, 직무역량을 평가하는 것 같아 좋았다고 응답하였다.

G기업의 채용전형별 개선 사례

NCS 활용 직무능력중심 채용 이슈가 대두되었을 때, 민간기업의 반응은 몇 가지로 갈렸다. 그 반응 양상을 기업 규모에 따라 살펴보면 대기업의 경우, 주로 그 기업의 산업군 및 조직 구성에 따라 맞춤화된 직무정보 시스템을 갖추고 있어 '직무능력 중심 채용'에는 공감하지만 'NCS'활용 및 적용의 필요성에 대한 니즈는 적었다. 반면, 중견 및 중소기업의 경우, 그 기업에 맞춤화된 직무정보 시스템을 구축하지 못한 경우가 많다보니 'NCS'활용 및 적용에 대한 관심이 높았다. 더구나, NCS의 직무정보들은 민간기업의 산업현장 전문가들이 참여하여 개발한 것으로 공공기관보다는 민간기업에서 활용하기에 더용이한 측면이 있어 중견 및 중소기업에서의 'NCS'활용 및 적용에 대한 니즈는 커져가고 있다.

한편, NCS를 활용하여 HR의 한 영역인 채용에만 도입하는 것의 한계점에 대해서는 기업 규모와 상관없이 공통적으로 지적하고 있다.

기존 선발제도 현황

G기업의 경우, 기업 내에서 핵심적인 업무를 수행하는 부서는 화학분야 연구개발(R&D; Research and Development) 부서와 기술영업 부서이다. 그러나 필요한 인력들의 이직이 잦은 문제가 있었다. 지원자의 수는 충분하였으나 선발된 직원이 실제 업무를 수행하기에 충분한 역량을 갖추지 못하였다. 직원들의 잦은 퇴사로 인해 필요 인력에 대한 수시채용이 빈번하게 이루어지는 등 많은 기회비용이 발생하는 상황이었다. 서류전형에서 일반적인 인적사항을 기재하도록 하고, 면접전형에서도 면접관의 평가 역량에 따라 평가 결과에 차이가 나는 상황이다보니 실제 필요한 업무능력을 갖춘 지원자보다 취업 자체에 목적을 둔 지원자가 많았다. 우수한 지원자를 유인하고, G기업이 필요로 하는 인재를 선발하기 위해 채용 제도 전반에 대한 개선 니즈가 있었으며, 이에 대한 구체적인 개선 방법을 고민하고 있었다.

채용전형별 개선 방향 및 주요 방안

서류전형의 경우, 우선적으로 채용 공고 시 함께 제공할 직군별 직무기술서를 개발하였다. 이를 위해 G기업의 주요 채용 직무분야와 NCS분류체계를 연계(Mapping)시켰으며, 그 결과에 따라 직무기술서 초안을 개발하였다. 개발된 초안 직무기술서에 대한 현직자 의견 수렴 및 검토를 위해 팀장이 모이는 면접관 교육 일정에 맞추어 그룹 인터뷰를 진행하였다. 이를 통해 실제 현업에서 쓰는 직무내용, 필요 지식, 기술, 자격, 경험 등에 대한 내용을 반영하여 초안 직무기술서를 수정·보완하여 최종 직무기술서를 완성하였다. 또한 그룹 인터뷰 내용을 바탕으로 직무를 수행하는 데 필요한 역량을 도출하여 입사지원서와 자기소개서도 수정하였다. 입사지원서에는 모집 직군별 필요 지식을 판단하여 직무 수행에 필요한 경험, 경력에 대한 내용과 이에 대한 자세한 경력, 경험기술서 양식을 추가하고, 자기소개서는 G기업의 인재상을 기반으로 작성하도록 구성하였다.

필기전형에서는 종합직무능력검사를 실시함으로써 선발하려는 인적자원의 능력과 인성적인 측면을 모두 평가할 수 있었다. 필기전형 결과는 실제 면접전형 뿐만 아니라 선발된 인적자원에 대한 기초 인사자료로도 활용할 수 있었다.

면접전형은 경험면접 방식을 적용하였다. G기업의 모집 직군에서 도출된 필요역량을 중심으로 표준면접도구와 신규 개발한 면접도구를 개발하여 면접 평가요소를 설계하였다. 이와 함께 임원면접을 위한 조직적합도 문항을 구성하여 실무면접 이후 선별된 인원에 대한 인성 및 조직 부합 요소를 파악하여 최종 채용 여부 결정에 도움을 줄 수 있도록 설계하였다. 면접전형 설계 완료 후 실무 면접관들을 대상으로 면접관 교육을 실시하였다. 본사, 연구소, 공장에서 각각 채용과 면접, 새롭게 적용하고자 하는 경험면접도구에 대한 이해를 높이고, 구조화된 면접질문 방식에 대한 실습을 통해 실제 면접에서 활용할 수 있게 하는 교육을 실시하였다.

그림 8-3. G기업의 NCS 활용 직무능력중심 채용 개선 방안

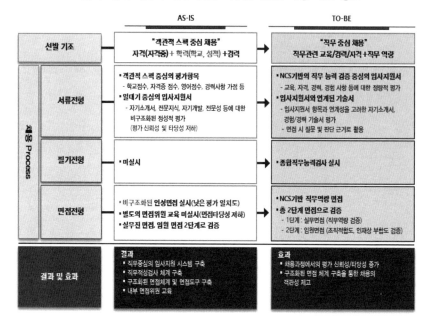

채용제도 개선 효과

첫째, 서류전형의 개선을 통해 주요 채용 직무에 대한 직무기술서, 입사지원서, 자기소개서를 개발하고 이를 평가할 수 있는 평가 항목들을 설계함에 따라 모집 직무에 대한 체계적이고 구체화된 선별이 가능하게 되었다. 또한 NCS기반의 직무기술서를 통해 입사 후의 실제 업무에 대해 안내함으로써 허수 지원자를 줄이고 신입 사원의 초기 이직률 또한 낮출 수 있었다.

둘째, 필기전형의 경우, 종합직무능력검사 결과 객관적인 개인별 보고서가 나옴에 따라 이를 바탕으로 개인의 직무능력 측면에 대해 파악할 수 있을뿐만 아니라 개인별 피드백 자료로 활용하는 것이 가능해졌다. 이에 따라 채용 담당자들은 종합직무능력검사 보고서를 중요한 인사자료로 적극 활용하고 있으며 이에 대한 만족도가 높았다.

셋째, 면접전형에서는 각 채용 직무에 따라 구조화된 면접기법과 필요역량을 새롭게 연계하고, 이를 적절하게 평가할 수 있는 평가지표를 구성하였다. 이와 함께 면접관 교육과 면접 매뉴얼 개발을 통해 구조화되고 체계적인 면접 평가 및 운영이 가능하게 되어 면접 전형의 타당도를 확보하고, 이를 바탕으로 우수한 인재를 선발할 수 있게 되었다.

능력중심 채용 모형

최근 정부에서는 국가직무능력표준(National Competency Standard; NCS)을 활용한 능력중심 채용을 강조하고 있으며, 이는 능력중심사회 구축을 위한 노력의 일환이라 할 수 있다. 따라서, 채용에서의 NCS 활용을 제대로 이해하기 위해서는 능력중심사회와 능력중심 채용의 개념에 대하여 이해할 필요가 있다.

능력중심사회란, 일차적으로 직업적 맥락에서 이루어지는 채용, 교육, 배치, 평가, 보상, 승진 등의 모든 인사결정이 해당 직무의 성공적 수행에 필요한 능력들에 의해서 공정하게 이루어지며, 더 나아가 사회 전반에 걸쳐 다양한 능력들이 존중되고 개인의 출신과 학벌이 아닌 능력에 따라 인정되며, 누구나 노력해서 필요한 능력을 갖추게 되면 성공할 수 있을 것이라는 합리적이고 건전한 기대를 가지게 되는 예측 가능한 사회를 의미한다.

능력 중심 사회에서의 '능력'은 개인이 담당한 (또는 담당할) 직무를 수행하는데 꼭 필요한 지식, 기술, 태도, 경험/경력, 자격 등의 인적 속성을 의미하며, 따라서 '능력이 있다'는 것은 전반적으로 '머리가 좋다'거나 막연하게 '재능이 있다'는 것을 의미하는 것이 아닌 '해당 직무를 성공적으로 수행할 수 있다'는 것을 의미한다. 따라서, '능력중심'이란 공공 및 민간 조직의 채용, 교육, 배치, 평가, 보상, 승진 등의 모든 인사결정 과정에서의 중요한 기준 및 내용이 해당 직업 및 직무 수행에서 요구되는 능력이 되어야 함을 의미한다.

이러한 관점에서 능력중심 채용은 기업의 채용 의사결정이 직무수행능력에 의해 결정되는 것을 의미하며, 이를 위해서는 채용 과정에서 채용대상 직무를 명확히 설정한 뒤, 해당 직무수행에 필요한 능력을 구체화하여, 이를 중심으로 채용과정에서의 평가가 이루어지도록 해야 한다. 이를 채용 프로세스 차원에서 보다 구체적으로 설명하면 다음과 같다.

1. 능력중심 채용의 방법론적 특징

1) 채용 설계 단계

능력중심 채용을 위해서는 가장 먼저 지원자가 수행하게 될 직무에 초점을 둔 인재상 및 평가요소를 설정하고, 이를 채용 프로세스 별로 매핑하여 선발 프로세스를 설계한다. 이러한 과정에서 직무수행에 핵심적인 능력을 도출하기 위해서는 직무전문가(SME)를 활용한 직무분석이 실시되어야 한다. 직무분석 시 NCS의 직무분류체계 정보를 활용하거나, NCS의 직무분석 정보를 활용할 수 있다.

2) 지원자 모집 단계

NCS를 활용한 능력중심 채용은 지원자 모집방법에서 기존의 채용과 많은 차이를 갖는다. 우선, 모집의 단위가 유사한 능력이 요구되는 직무 범위로 세분화 되며, 모집대상 직무에 대한 구체적인 직무내용 및 요구 능력에 대한 정보 제공이 이루어진다. 기존의 모집방식이 학력과 관련전공 등의 지원자 자격요건 정보만을 제공한 것과 달리 해당 직무에 대한 구체적이고 다양한 정보를 제공하고 있다는 점에서 큰 차이가 있는 것이다.

3) 평가 단계

① 서류전형

능력중심 채용이 갖는 기존 채용방식과의 가장 큰 차이는 입사지원서의 구성 및 활용이다. 첫 번째 차이는 기존의 지원서가 개인의 신상정보에 초점을 두는 것과 달리 직무수행과 무관한 개인적 정보들을 서류전형에서 요구하지 않는다는 것이다. 두 번째 차이는 기존의 지원서가 학력, 경력, 교육, 자격 등의 항목에 대한 '블랭크 양식'을 제공한 뒤 지원자들로 하여금 스스로 알아서 작성토록 한 것과 달리 능력중심 채용의 지원서는 해당 직무수행에 필요한 교육, 자격, 경력, 경험 등의 구체적 항목을 제시하고 지원자들로 하여금 해당 항목에 맞게 작성하도록 한다는 점이다. 세 번째 차이는 기존의 자기소개서가 개인의 일대기적 자기소개의 형식을 띄는 반면에, 능력중심의 자기소개서는 직무와 관련된 개인의 경력과 경험 및 그 속에서의 직무역량 발휘의 구체적 사례들을 요구한다. 이러한 차이들은 서류전형이 직무와 무관한 불필요한 스펙과 개인신상 중심에서 직무능력에 대한 객관적이고 공정한 평가가 가능하도록 하기 위한 것이다.

② 필기전형

능력중심 채용의 필기전형이 갖는 가장 큰 특징 또한 직무능력중심이다. 기존의 필기전형에서도 직무수행에 필요한 기초적 인지능력과 인성에 초점을 두었다는 점에서 공통점이 있지만, 능력중심 채용에서는 이를 직업기초능력으로 구체화하여 7가지의 인지능력과 3가지의 인성을 평가하도록 권고하고 있으며, 또한 이를 평가함에 있어서도 보다 구체적인 직무맥락을 활용한 질문을 활용한다는 점에서 차이가 있다. 또 다른 차이로는 직무지식에 대한 평가에서도 기존의 평가가 직무관련 전공에 대한 시험의 성격이었다면 능력중심 채용에서의 지식 평가는 직접적인 직무관련 지식을 평가하는데 초점을 두고 있다는 점다.

③ 면접전형

면접은 능력중심 채용을 도입하고자 하는 기업들이 가장 많은 관심을 갖는 분야이다. 능력중심 채용 면접에서는 지원자들의 직무관련 능력, 인성, 지식, 태도 등에 대해 심층적으로 질문한다는 점에서 기존의 면접과 유사하다. 다만, 보다 과학적인 접근이 이루어질 수 있도록 하기 위한 방안으로, 첫째 지원자의 과거 경험을 통해 다양한 특성들을 평가하는 경험면접 방식을 주로 활용하고, 둘째 모든 지원자들에 대해 동등한 면접이 진행될 수 있도록 면접의 질문들과 평가기준을 사전에 설정하여 면접관들이 따르도록 하는 구조화된 방식을 채택하며, 셋째 경험면접과 구조화된 방식을 잘 활용할 수 있도록 면접관에 대한 사전 교육을 실시하고 있다는 점이 특징이라 할 수 있다.

4) 선발 단계

능력중심 채용의 최종 선발 단계는 선발 의사결정과 사후관리이다. 선발 의사결정은 지원자들 중 최종 합격자를 결정하는 과정을 말하며, 사후관리란 선발 결정 후 지원자들 및 평가단계에서 지원자들로부터 수집된 정보를 관리하는 과정을 말한다. 능력중심 채용의 목표는 기업의 선발의사결정이 지원자들의 직무능력에 따라 객관적이고 정확하게 이루어지는 것이다. 이를 위해 기업은 직무능력을 정확히 평가할 수 있도록 점수산출의 기준과 방법을 사전에 설정하고 이를 따라야 한다. 또한, 선발 결정이 이루어진 후에는 즉각적으로 그 사실을 지원자들에게 알려야 할 뿐 아니라, 수집된 서류들을 폐기하거나 반환해야 한다. 그러나, 무엇보다 중요한 것은 평가과정에서 수집된 정보들에 대한 체계적인 관리와 분석을 통해 선발 의사결정의 타당성을 확인하고 채용 과정을 개선할 수 있어야 한다.

2. 능력중심 채용의 3가지 관점

그러나, 능력중심 채용이 단순히 채용 방식에서의 변화만을 의미하는 것은 아니다. 그 이면에는 채용의 주요 주체인 사회(국가), 기업, 지원자 관점에서의 능력중심에 대한 보다 철학적인 원칙들을 담고 있다.

1) 사회적 관점

첫 번째는 사회적 정당성의 관점이다. 채용은 기업이 사회로부터 자신들에게 필요한 인력을 충원하는 사회적 상호작용 과정이다. 따라서, 기업의 채용은 사회적 정당성을 가져야 하며, 사회 구성원으로서 법적·제도적 지침을 준수하고 사회가 중시하는 가치와 규범을 따라야 함을 의미하며, 더 나아가 보다 능동적으로 이를 구현하기 위해 노력해야 한다. 이러한 관점에서 기업은 최근 채용과 관련된 정책적 및 법적 지침들의 준수 및 중요한 사회적 가치로서의 차별철폐와 균등고용기회 확립을 위해 노력해야 한다.

① 합법성

합법성이란, 기업이 사회적 정당성 확립을 위해 모집과 선발 과정 뿐 아니라 사후관리까지를 포함하는 채용의 모든 절차들에 걸쳐 사회적 및 법적 의무를 다해야 함을 의미한다. 대표적인 채용관련 법령으로는 고용관련기본법, 공정채용절차법, 장애인고용촉진법, 양성평등법 등이 있으며, 최근 정부에서 발표한 능력중심 채용을 위한 10대실천선언 등이 포함된다. 또한, 채용과정에서 고려해야 할 최근의 사회적 이슈로는 최근 정보가 강조하고 있는 능력중심 채용 정책과 채용과정에서의 NCS 활용에 대한 강조, 직무중심의 신자격 확대 등이 있다.

② 차별금지

차별금지란, 채용과정에서 기업이 지원자들의 성별, 연령, 출신, 장애 등을 이유로 고용기회를 박탈하지 않아야 함을 의미하며, 단순히 차별하고 있지 않다는 수준을 넘어서 사회적 약자들의 고용을 위한 적극적 노력(affirmative action)까지를 포함한다. 또한, 더 나아가 장애인이나 여성 등을 위한 평가에서의 가중치 부여나 일정비율의 인원할당이 아닌, 채용과정에서의 균등한 능력발휘가 가능한 형태로의 평가방법에 대한 설계가 이루어질 수 있도록 노력해야 한다.

③ 균등고용기회

균등고용기회란, 기존의 스펙중심 모집과 선발에서 벗어나, 직무수행 능력을 갖춘 지원자들이라면 누구나 지원하고 객관적이고 공정하게 평가받을 수 있어야 함을 의미한다. 차별이 지원자의 노력이나 의지와 무관하게 결정된 생득적 특징들을 의미한다면, 스펙은 지원자들의 노력과 선택의 결과로서 얻어진 경험과 경력을 의미한다는 점에서 차별금지와 균등고용기회의 정책적 지향점에 차이가 있다. 즉, 균등고용기회는 우리 사회의 학력과 학벌 중심의 채용관행이 비록 차별의 대상은 아니라 할지라도, 직무수행과 무관한 개인적 배경에 의해 지원자들의 채용기회가 박탈되지 않아야 한다는 취지이며, 능력중심 사회 구현의 핵심과제이다.

2) 지원자 관점

두 번째는 지원자 관점에서의 지원자에 대한 존중과 배려이다. 기업의 채용은 회사 관점에서 새로운 직원을 뽑기 위한 인사결정의 과정만이 아닌, 지원자들이 자신이 일할 회사를 선택하는 중요한 경력 결정의 과정이다. 기업은 우수한 지원자들이 지원해주기를 기대하고, 그러기 위해서는 지원자들로 하여

금 자신이 존중받고 있다고 느끼도록 해야 한다. 더욱이, 상호간 근로계약이 이루어지기 전까지 지원자들은 해당 기업의 직원이 아니므로, 우리 회사에 관심을 갖고 지원해 준 것에 대해 감사하는 마음으로 존중하고 배려해야 한다.

① 사생활 존중

사생활 존중이란, 채용의 전 과정에 걸쳐 기업이 지원자의 사생활과 관련된 정보를 수집하지 말아야 함을 의미하며, 이는 비록 그러한 정보가 지원자들을 평가하는데 도움되는 질문이라 할지라도 마찬가지이다. 이러한 정보에는 개인의 신상관련 정보, 질병관련 정보, 및 가족사항에 대한 정보 등이 포함된다. 기업은 개인의 사생활에 대한 자료를 요구하거나 질문을 하지 말아야 하며, 지원자들은 이러한 질문에 대해 답변하지 않을 권리가 있다.

② 절차적 존중

절차적 존중이란, 기업이 채용과정에서 지원자들에 대한 절차적 및 정보적 편의성 제공을 위해 노력해야 함을 의미한다. 절차적 편의성은 지원서 제출에서 최종 합격자 통보까지의 채용과정 전반에 걸쳐, 지원자들이 보다 쉽고 편리하게 지원하고 평가받을 수 있도록 배려하는 것이다. 반면에 정보적 편의성은 채용과정에서 지원자들이 알아야 할 정보들이 즉각적이고 투명하게 공개되는 것을 말하며 이러한 정보에는 절차적 정보들 뿐 아니라 평가 결과에 대한 정보들을 포함한다.

③ 인격적 존중

인격적 존중이란, 기업이 채용과정에서 지원자들에 대해 존중하는 태도와 행동을 유지해야 함을 의미한다. 채용의 전과정에 걸쳐 이루어지는 직·간접적 소통 과정에서 지원자는 기업을 탐색하며, 이를 통해 기업에 대한 이미지와 태도를 형성하게 된다. 지원자들은 기업이 자신을 인격적으로 존중하고 있다고 느낄 때, 기업에 대한 긍정적 이미지와 태도를 갖게 된다. 그러나 무엇보다도 중요한 것은 지원자들이 존중받고 있지 못하다고 느낄 때, 자신감을 잃고 자신의 능력을 제대로 발휘하지 못하게 된다는 점에서 능력중심 채용에 위배된다는 것이다.

지원자들에 대한 인격적 존중은 기업이 지원자들과 소통하는 모든 장면들에서 요구되지만, 면접의 경우 직접적 대면을 통한 소통이 이루어지게 되므로 특히 중요하다. 지원자들은 면접관이 예의 없는 표현이나 질문을 하거나, 지원자의 답변에 대해 무시적인 반응과 행동을 보일 때 자신이 존중받고 있지 못하다고 느끼게 된다. 그러나 무엇보다 중요한 것은 지원자에 대한 면접관의 부정적 태도와 행동이다. 면접관은 지원자가 합격대상이 아니라고 판단될 때 지원자에 대해 부정적인 태도를 노출하거나, 지원자를 무시하는 표현을 사용하거나, 심지어 면접을 조기에 종료하는데, 이러한 행동들은 지원자들로 하여금 자신이 무시당하고 거절당했다고 느끼게 하므로 매우 주의해야 한다.

3) 기업적 관점

세 번째는 기업적 관점에서의 과학적 타당성이다. 타당성이란, 선발된 인력이 실제 직무수행에서 우수한 성과를 내는 정도를 의미한다. 이는 능력중심 채용이 기업의 사회적 책임만을 강조하는 일방적인 정책이 아님을 의미한다. 기업의 채용은 우수인재 선발을 목적으로 하며, 이는 지원자들 중 입사 후 성공적인 직무수행 및 조직적응을 보일 지원자들을 얼마나 정확히 예측하는가에 달려 있다. 따라서, 예측력을 높이기 위해서 기업은 채용과정을 보다 체계적으로 설계해야 하고, 평가도구들을 사전에 구조화해야 하며, 이를 통해 만들어진 채용과정에서의 평가가 실제로 지원자들의 직무수행을 예측하고 있어야 한다.

① 체계화

체계화란, 채용과정을 체계적으로 구성하고, 인재상, 채용 프로세스, 평가 방법, 채용의사결정의 방법 등을 체계적으로 구성해야 함을 의미한다. 이는 단순히 사전 설계와 그에 따른 계획적 진행을 의미하는 것만이 아닌, 목표지향적 체계화를 의미하는 것으로, 기업이 어떤 인재를 선발하고자 하는가에 대한 구체적 목표를 설정하고 목표에 맞게 인재상을 설정해야 함을 의미한다. 체계화는 또한 체계적 연계를 의미하는 것으로, 우수한 인재의 선발을 위해 기업은 인재상을 가장 잘 평가할 수 있는 방법으로 채용의 프로세스를 설계하고 평가방법을 설정하며, 선발의 오류를 최소화할 수 있는 방법으로 채용의 사결정이 이루어질 있도록 해야 한다.

② 구조화

구조화란, 평가요소에 맞게 각각의 채용도구들을 구성하고 이를 활용하는 절차들을 사전에 설정하는 것을 의미한다. 체계화가 성공적 직무수행 예측을 통한 채용의 타당성 확보에 초점들 두는 것이라면, 구조화는 채용과정의 공정성과 객관성 향상을 통한 채용의 신뢰도 확보에 초점을 두고 있다. 구조화는 채용 과정에서의 모든 평가가 지원자들의 평가대상 역량에서의 차이 이외의 다른 요소들에 의해서 영향받지 않도록 하기 위한 모든 노력들을 포함한다. 체계화를 통해 채용과정의 설계가 성공적이었다 하더라도, 구조화가 확보되지 않는다면 평가점수의 차이가 지원자들의 역량 차이인지 다른 차이 때문인지를 알수 없기 때문이다. 필기평가시 지원자들에게 동일한 시간과 질문을 제공하는 것 뿐 아니라 모든 질문에 대해 지원자들이 동일한 이해를 가지고 질문에 답할 수 있도록 질문을 명확히 하는 것과 더 나아가 심지어 지원자들의 시험 환경이 동일하게 유지되도록 하는 것까지를 포함한다. 면접평가의 경우에는 필기평가 만큼의 동일함을 확보하기 어렵지만, 평가요소, 질문, 평가기준 등의 평가적 측면과 면접시간, 진행절차, 면접관 등의 환경적 측면들이 지원자들 간에 일관되게 유지될 수 있도록 노력해야 한다.

③ 타당화

타당화란, 채용에서의 평가점수가 실제로 합격자들의 직무수행을 예측하고 있는지에 대한 과정적 및 결과적 근거들을 확보하기 위한 노력을 의미한다. 타당화는 타당도 검증과 신뢰도 검증으로 구분된다. 타당도는 채용을 통해 선발된 인력들이 성공적으로 직무를 수행하는 정도를 의미하며, 이는 체계화가 성공적이었는가에 대한 결과이다. 신뢰도는 채용과정에서의 평가결과가 지원자들의 역량 이외의 요인에 의해 영향받지 않은 정도를 의미하며, 이는 구조화가 성공적이었는가에 대한 결과이다. 타당화를 위해 기업은 채용의 전 과정에 걸쳐 체계적으로 자료를 수집하고 분석해야 할 뿐 아니라, 채용된 인력들의 직무수행 성과 자료와의 비교분석을 통해 지속적으로 채용과정을 개선해나가야 한다.

3. 능력중심 채용 모형

능력중심 채용의 올바른 구현을 위해서는 구성요소들에 대한 정확한 이해가 필요하다. 이를 위해 앞서 언급한 능력중심 채용의 원칙과 방법론적 특징을 반영한 능력중심 채용 모형을 제시하였다. 이 모형은 채용의 전 과정에서 능력중심 채용의 3가지 관점(9가지 원칙)이 지켜질 수 있도록 해야 함을 구조화 한 것이며, 이를 통해 기업은 우수인재 선발을 통해 조직의 성과를 향상시킬 수 있고 지원자들이 자사의 채용에 대한 공정성 지각과 수용성을 향상시킬 수 있으며 사회적으로 자사를 준비하는 취업준비생들의 직무능력중심의 자기개발 노력을 촉진함으로써 좋은 지원자들이 지원하게 할 수 있음을 모형으로 설정한 것이다.

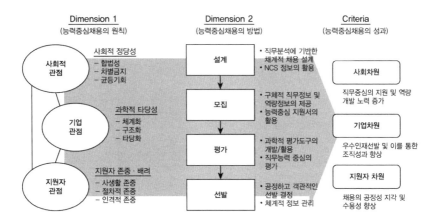

이 모형에서 강조하는 것은, 채용의 각 단계에서 능력중심 채용을 위해 해야 할 과제들이 있으며, 각 단계에서 3가지 관점의 9가지 원칙들이 지켜질 수 있도록 해야 한다는 것이다. 즉, 각 단계마다 사회적 정당성 차원에서 차별금지와 균등고용기회가 확보될 수 있도록 해야 하며, 정보의 정책적 방향성이 반영될 수 있도록 노력해야 한다. 또한 기업관점에서의 과학적 타당성을 확보하기 위한 체계화와 구조화가 이루어질 수 있도록 해야 하며 타당화에 대한 고려가 이루어져야 한다. 더불어 모든 과정에서 지원자들에 대한 사생활과 인격적 존중이 이루어질 수 있도록 해야 하며, 절차적 편의를 제공하기 위해 노력해야 한다.

이 모형은 능력중심 채용의 설계와 관리 및 평가도구 개발과 운영 과정에서 활용할 수 있을 뿐 아니라, 기업의 능력중심 채용의 준수 정도를 진단하고 개선하는 데에도 활용할 수 있을 것이다.

ORP연구소 Selection Center

ORP연구소 Selection Center는 조직에 적합한 인재를 타당하고 공정하게 선발 할 수 있도록 선발 역량모델링, 직무 및 직무요건 DB제공, 선발체계 설계, 면접설계 및 도구개발, 면접위원 육성교육까지 인재선발에 대한 TOTAL SOLUTION을 제공합니다.

📁 사업영역

- **선발컨설팅** : 과학적 인재선발에 관한 최상의 컨설팅을 제공하며 선발 시스템 구축, 선발 역량모델링, 선발프로세스 설계, 선발도구 설계, 평가방안 설계, 타당도 연구 등에 대한 서비스를 제공합니다.

- **선발도구개발** : Right People 선발을 위한 타당도 높은 최적의 선발도구를 제공하며 선발트렌드에 부합하는 최신 평가기법을 연구하여 타당성이 입증된 평가기법을 적용하여 최적의 맞춤화(Customization) 서비스를 제공합니다.

- **선발교육** : 선발 컨설팅의 경험을 바탕으로 과학적 이론에 기반한 전문적인 내용을 실습을 중심으로 강사와 전문 퍼실리테이터의 운영으로 실제적인 역량을 증진할 수 있도록 교육을 진행합니다.

- **선발 서비스** : 고객사의 니즈에 따라 직무역량정보시스템이용, off-the shelf형 면접도구 판매, 면접위원 파견, 면접위원 평가, 면접 위탁운영 등의 다양한 서비스를 제공합니다.

📁 주요교육과정

- Basic Course
  채용전문가 과정
  HR 통계분석 과정
  심리검사 전문가 과정

- Advanced Course
  면접전문가 과정 (한국 어세서 협회 인증과정)
  Certified Assessor 과정 (한국 어세서 협회 인증과정)

- Professional Course
  Professional Assessor 과정 (한국 어세서 협회 인증과정)
  Hogan 검사 활용(한국 어세서 협회 인증과정) 과정

ORP연구소 심리검사 Center

ORP연구소 심리검사 Center는 선발, 배치, 평가, 교육/훈련 등 다양한 HR 분야에서 심리검사를 효과적으로 사용할 수 있도록 검사도구를 개발하고 활용방안을 연구하여 객관적인 기업용 심리검사 서비스를 제공합니다.

📁 사업영역

- **선발 인성검사** : 조직과 직무의 특성과 개인의 특성간 부합도에 대한 포괄적 정보를 수집·평가하여 성격, 가치관, 동기, 일에 대한 태도 등의 인성 정보를 제공합니다(인재상, 핵심가치, 핵심역량 등).
- **선발 적성검사** : 직무수행에 요구되는 기초인지능력 및 특수인지능력의 객관적 정보를 수집하여 직무적성 정보를 제공합니다(언어력, 수리력, 문제해결력, 지각력 등).
- **NCS직업기초능력평가** : NCS(국가직무능력표준) 직업기초능력 10개 역량에 대한 수준별 평가 도구를 산업별/직무별 맞춤화된 서비스로 제공하고 있습니다.
- **NCS직무수행능력평가** : 특정 직무에서 실제 수행하고 있는 직무 관련 지식, 기술, 태도를 평가가 가능한 검사 형태로 구성할 수 있도록 컨설팅 프로세스를 제공하고 있습니다.
- **역량진단** : 조직과 직무, 직위에 요구되는 역량을 정의하고 해당 역량의 잠재력 및 발휘 특성을 진단합니다(Hogan Assessment).
- **리더십 개발** : 리더십의 다양한 측면(리더십, 사업관리, 관계관리, 자기관리)에 대한 진단 및 피드백을 통해 리더십 향상 솔루션을 제공합니다(Hogan Assessment).
- **다면진단(360도 피드백)** : 한 개인을 다양한 관점에서 종합적으로 평가할 수 있는 도구로써 보다 객관적인 개인의 평판(reputation)을 진단할 수 있는 솔루션을 제공합니다.

📁 주요교육과정

- HRM 담당자를 위한 심리검사 활용 과정
- HRD 담당자를 위한 심리검사 활용 과정
- Hogan 진단을 통한 리더십 향상 과정
- Hogan HDS Risk Management 과정
- Certified Hogan Assessment Workshop

| 집필자 |

오 동 근 산업조직심리학 박사
ORP연구소 부대표

석 현 영 산업조직심리학 박사수료
ORP연구소 부대표

강 승 혜 산업조직심리학 석사
ORP연구소 책임연구원

이 명 규 임상심리학 석사
ORP연구소 책임연구원

이 도 연 산업조직심리학 석사
ORP연구소 선임연구원

최 정 락 산업조직심리학 석사
ORP연구소 선임연구원

고 득 영 산업조직심리학 석사
ORP연구소 주임연구원

류 승 아 산업조직심리학 석사
ORP연구소 주임연구원

이 진 복 경영학 석사
ORP연구소 주임연구원

김 용 운 산업조직심리학 박사수료
ORP연구소 이사

이 영 석 산업조직심리학 박사
ORP 연구소 대표

직무능력중심 채용과 NCS

초판 1쇄 발행 2016년 9월 1일

지은이 ORP연구소
펴낸곳 ORP프레스
펴낸이 이영석
출판등록 2003년 4월 3일 제 321-31900002510020030015호

기획편집 유희재
마케팅 영업 김지애
디자인 김영대
인쇄 동아사 02-815-0876

주소 서울시 서초구 서초대로 67, 3층(방배동, 성령빌딩)
전화 02-3473-2206
팩스 02-3473-2209
홈페이지 https://selectioncenter.orp.co.kr (ORP연구소: https://www.orp.co.kr)
이메일 selectioncenter@orp.co.kr

ISBN 979-11-958008-1-0

값 10,000원